JAMIE PURVIANCE

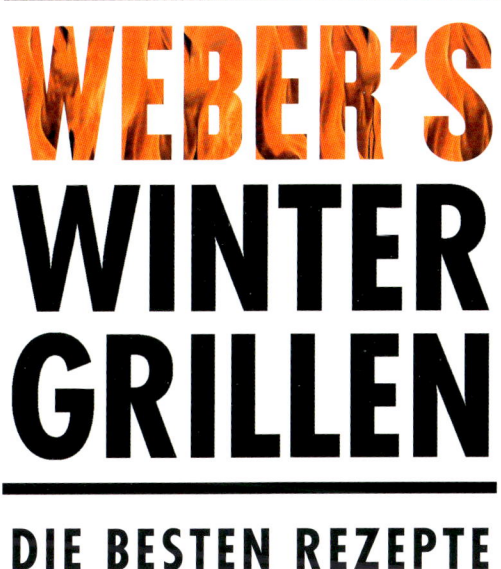

DIE BESTEN REZEPTE

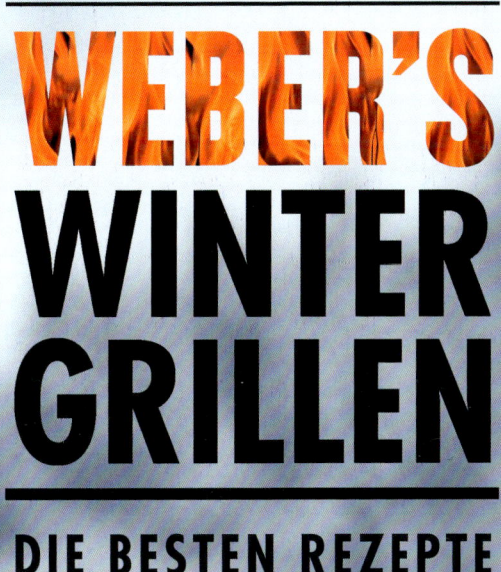

WEBER'S
WINTER GRILLEN

DIE BESTEN REZEPTE

TEXT UND REZEPTE: JAMIE PURVIANCE
FOTOS: KLAUS EINWANGER

INHALT

SEITE
8

WINTER-ICHES GRILL-KNOW-HOW
Was Sie über Temperatur und Zeit wissen sollten

GRUNDLAGEN DES WINTERGRILLENS
Vor dem Grillen, Den Grill vorbereiten, Nach dem Grillen

SEITE
10

SEITE
58

KÜRBISEINTOPF
mit gegrillter Paprika und Zwiebeln

AN DIE GRILLS!

Die Zeiten, in denen erst im Frühling der Grill wieder ausgepackt und »angegrillt« wird, sind vorbei. Echte Grillfans quittieren das wahrscheinlich mit einem Lächeln, denn sie haben sich diesem faszinierenden Ruf nach Draußen ohnehin in keiner Jahreszeit entziehen können – egal bei welchem Wetter. Und was diese Grillhelden da draußen, sogar in klirrender Kälte, zustande bringen, sind im besten Sinne des Wortes wahre Festessen. Denn keine Pfanne und kein Topf auf dem Herd vermag Speisen so zu garen wie lebendiges Feuer. Fast alles, was auf dem Grill zubereitet wird, ist von einer aromatischen Rauchigkeit, die, zusammen mit den unvergleichlichen Röstnoten der Speisen, ihresgleichen sucht.

Nun stehen Sie also an einem Wintertag im Freien. Die Holzkohle glüht. Sie haben sich warm eingepackt, halten ein heißes Getränk in den Händen, sind umgeben von Freunden und der Familie, und trotz Wind und Kälte ist Ihnen behaglich zumute. Die Sonne ist früh untergegangen, alle machen es sich jetzt bequem in Erwartung eines wundervollen Essens.

Jetzt kann es losgehen, denn Sie halten den ultimativen Grillführer für den Winter in den Händen. Oder sollte ich besser sagen, ein Buch für den ultimativen Griller? Ein Buch jedenfalls, das für die Grillhelden des Winters geschrieben ist. Denn trotz vieler technischer Erleichterungen braucht man für das Grillen im Winter ein paar grundlegende Kenntnisse und ein gewisses Maß an Logistik, damit das Essen gelingt.

Mit diesem Buch stelle ich mich sozusagen neben Sie: Wir stellen den Grill auf, kümmern uns um das Feuer und entlocken ihm die besten aller winterlichen Röstnoten und Rauchnoten. Ich verrate Ihnen Tipps, wie Sie Ihr Essen trotz kalter Außentemperaturen heiß auf den Tisch bekommen und wie Sie am Grill dem Winterwetter trotzen können, obwohl scheinbar der Polarexpress auf Sie zurast. Ich helfe Ihnen auch beim Reinigen und Saubermachen (na ja, nicht so direkt, aber mit ein paar guten Hinweisen) – all das ist mir wichtig, damit Sie entspannt bleiben und das Grillen im Winter so richtig genießen können.

Rezepte gebe ich Ihnen natürlich auch an die Hand. Viele sogar. Was halten Sie von einem Zwiebelkuchen (Seite 22), zu dem Sie eine von diesen großartigen deutschen Riesling-Spätlesen trinken könnten? Von einem mit Senf gewürzten und mit knusprigem Teig umhüllten Prachtstück von einem Schinken (Seite 92)? Wie wäre es mit einem Schweinebraten, dessen Nusskruste ein echtes neues Geschmackserlebnis ist (Seite 100), oder mit gegrillten Entenbrüsten, die mit einer zitronigen Honigglasur überzogen werden (Seite 43)? Und natürlich habe ich auch Süßes nicht vergessen, etwa einen Weihnachtsstollen vom Grill (Seite 176) oder den Apfel-Cranberry-Crumble (Seite 166). Wärmende, heiße Getränke für kalte Wintertage dürfen selbstverständlich auch nicht fehlen. Von Glühwein über Punsch, heißen Tee und Schokolade ist alles dabei. Für alle Gelegenheiten und Feste, die die kalte Jahreszeit bietet, werden Sie mit diesem Buch um Rezepte nie verlegen sein.

Na dann, trommeln Sie Ihre Leute zusammen und zünden Sie das Feuer unter dem Rost an. Auch wenn es kalt ist, der Grill wartet auf uns. Wir sehen uns dann draußen, okay?

Jamie Purviance

Mit einem Anzünd-kamin lässt sich auch in der winterlichen Kälte ganz leicht eine schöne heiße Glut herstellen.

GRILLVERGNÜGEN IM WINTER
WINTERLICHES GRILL-KNOW-HOW –
WAS SIE ÜBER TEMPERATUR UND ZEIT WISSEN SOLLTEN

Egal wie hoch der Schnee liegt oder wie kalt der Wind bläst, Sie haben sich entschlossen, im Freien eine Mahlzeit zuzubereiten, die zufrieden und glücklich macht. Ich kann Ihnen nur gratulieren! Zuallererst müssen Sie sich aber klar darüber werden, dass es zwei Dinge gibt, die beim Wintergrillen anders sind: Grilltemperatur und Grillzeit.

GRILLTEMPERATUR

Die Hitze im Grill gleichmäßig hoch zu halten ist im Winter eine Herausforderung. Das Wichtigste ist: Sie müssen herausfinden, aus welcher Richtung der Wind kommt, und dann Ihren Grill so aufstellen, dass der Wind auf die Rückseite des Grills beziehungsweise des Grilldeckels trifft, wenn Sie ihn öffnen. Das heißt für Sie: Sie stehen beim Wintergrillen frontal zum Wind, wenn Sie den Deckel öffnen. Würde der kalte

Wind nämlich seitlich auf den Grillrost treffen, fiele die Grilltemperatur dramatisch ab. Wann immer Sie also den Deckel eines Gas- oder Holzkohlegrills öffnen: immer gegen den Wind!

GRILLZEIT

Wenn die Außentemperaturen fallen, verlängern sich die Grillzeiten. Die angegebenen Grillzeiten dieses Buchs entsprechen den Bedingungen im Winter. Fällt die Außentemperatur unter 0 °C, müssen Sie zusätzlich etwa 20 % mehr Zeit einrechnen. Und bedenken Sie, dass bei jedem Öffnen des Grilldeckels ein erheblicher Anteil an Hitze verloren geht. Es braucht entsprechend Zeit, bis der Grill die benötigte Temperatur wieder erreicht hat. Öffnen Sie deshalb den Deckel nur für unbedingt nötige Handgriffe, sonst verlängert sich die Grillzeit durch den Hitzeverlust ebenfalls.

»WINTERGRILLEN BEDEUTET
LEBENSFREUDE, SPASS UND
EIN WENIG ROMANTIK
IM FREIEN – GEKRÖNT VON
WUNDERBAREM ESSEN«

GRUNDLAGEN
DES WINTERGRILLENS

VOR DEM GRILLEN

1. Richtige **Kleidung** ist wichtig! Tragen Sie eine eng anliegende, warme Jacke, auf keinen Fall weite Kleidungsstücke, lange Schals mit Fransen o. Ä., die beim Hantieren mit dem Grill in Berührung kommen könnten. Denken Sie bei der Wahl Ihrer winterlichen Grillkleidung auch daran, dass diese Sie in Ihrer Bewegungsfreiheit nicht stark einschränken sollte. Tragen Sie zum Warmhalten der Hände Grillhandschuhe. Einfache Fingerhandschuhe wären zu dünn und dicke Fäustlinge nicht sensibel genug.

2. Gut gegen Kälte und Schnee gewappnet, schaufeln Sie den Weg zu Ihrem **Grillplatz** und genügend Raum um den Grill frei. Weg und Grillplatz bestreuen Sie wegen der Rutschgefahr anschließend mit Sand. Denn wir wollen auf jeden Fall vermeiden, dass jemand ausrutscht und gegen den heißen Grill fällt! Noch ein Wort zum Grillplatz: Stellen Sie den Grill niemals in einer Garage, unter Sonnensegeln, Pergolen oder Markisen auf. Halten Sie mit dem Grill und technischem Zubehör mindestens 3 m Abstand von Häusern, Wänden und Geländern. Aus Sicherheitsgründen darf der Grill auch nicht in der Nähe von herunterhängenden Zweigen, Ästen, Sträuchern oder Hecken platziert werden.

3. Befreien Sie Ihren Grill von sämtlichem **Schnee.** Selbst ein wenig Schnee bewirkt, dass der Rost erheblich abkühlt, sobald der Schnee schmilzt.

4. Sorgen Sie für ausreichend helle **Beleuchtung.** Da es im Winter früh dunkel wird, bereiten Sie Grill und Grillplatz bereits am Nachmittag vor. Eine auf

den Grillrost gerichtete, fest installierte Taschenlampe oder ein Punktstrahler sind erforderlich, wenn Sie kein Outdoor-Grifflicht oder Ihr Grill keine eigenen Grifflichter hat. Eine gute Außenbeleuchtung sorgt für genügend Licht auf dem Weg und um den Grillplatz herum.

5. Lassen Sie Fleisch vor dem Grillen **Raumtemperatur** annehmen. Es gart dann schneller und gleichmäßiger. Sie werden den Lohn für diesen Aufwand schmecken.

zzzssscchhh...!

DEN GASGRILL VORBEREITEN

Ganz generell lässt sich mit einem Gasgrill die Grilltemperatur leichter halten (und regeln) als mit einem Holzkohlegrill. Die Brennerventile können auf die Temperatur bzw. die Temperaturen eingestellt werden, die Sie wünschen, und die Hitze kommt da an, wo Sie sie benötigen.

Wie im Sommer auch müssen Sie vor Inbetriebnahme des Grills alle Gasleitungen, Verbindungen und Ventile auf Dichtheit prüfen. Riechen Sie dennoch Gas, müssen alle Brenner ausgeschaltet und das Ventil der Gasflasche geschlossen werden. Prüfen Sie ein zweites Mal die Dichtheit und drehen Sie das Ventil dann für eine Minute wieder auf: Riechen Sie nach wie vor Gas, müssen Sie das Ventil sofort wieder schließen und Ihren Hersteller kontaktieren. Auf keinen Fall darf der Grill jetzt noch benutzt werden.

In der Regel ist das Anzünden eines Gasgrills so einfach wie das Öffnen des Deckels: Sie drehen das Gasventil auf und schalten die Brenner an. Nachdem das Ventil der Gasflasche geöffnet ist, warten Sie ein bis zwei Minuten, damit das Gas in die Leitungen strömen kann. Anschließend zünden Sie nacheinander die Brenner auf höchster Stufe an. Dann wird der Deckel geschlossen und der Grill auf eine Temperatur von etwa 260 °C vorgeheizt. An einem kalten Wintertag sollten Sie etwa 20 bis 30 Minuten dafür einrechnen.

Nach dem Vorheizen stellen Sie für die gewünschte Grilltemperatur die Brennerventile etwas höher ein als im Sommer, um die frostige Umgebungstemperatur zu kompensieren. Verlangt ein Rezept im Sommer also zum Beispiel mittlere Hitze, stellen Sie die Temperaturregler im Winter auf mittlere bis starke Hitze. Im Winter benötigen Sie demnach etwas mehr Gas als im Sommer.

Besondere Aufmerksamkeit sollte man im Winter dem Seitenkocher des Gasgrills widmen. Schauen Sie häufig nach, ob der Wind die Flamme nicht ausgeblasen hat, da der Seitenkocher ja nicht von einem Deckel geschützt wird. Eisiger Wind beeinträchtigt auch Topf und Kochgut auf dem Seitenkocher. Stellen Sie deshalb die Hitze immer auf höchste Stufe, rühren Sie häufiger um, damit nichts ansetzt, und bleiben Sie geduldig: Es kann im Vergleich zum Sommer bis zu 25 % länger dauern, bis eine Sauce zum Kochen gebracht und reduziert ist.

DEN HOLZKOHLEGRILL VORBEREITEN

Beim Grillen mit einem Holzkohlegrill sollten Sie Briketts verwenden; sie speichern die Hitze besser als Holzkohle. Legen Sie sich gegebenenfalls bereits im Sommer einen Vorrat an, da Briketts und Holzkohle im Winter nicht immer vorrätig sind. Bewahren Sie Briketts oder Kohlen an einem trockenen Ort auf, zum Beispiel in der Garage. Im Freien nehmen sie in der kälteren Jahreszeit zu viel Feuchtigkeit auf. Für einen Standardkugelgrill mit 57 cm Durchmesser brauchen Sie etwa 50 Briketts für eine zwei- bis dreistündige Brenndauer.

Am sichersten und zuverlässigsten zünden Sie Briketts in einem Anzündkamin an. Diesen Metallzylinder mit Löchern in der unteren Hälfte, einem Rost innen und zwei Griffen außen setzen Sie direkt auf den Kohlerost des Grills. Füllen Sie die obere Kammer mit Briketts. In die untere Kammer des Kamins kommen ein paar Anzündwürfel. Zünden Sie die Würfel durch eines der seitlichen Löcher an und lassen Sie die Briketts bei geöffnetem Grilldeckel brennen, bis sie von einer feinen grau-weißen Ascheschicht überzogen sind. In der Regel dauert das 20 bis 30 Minuten. Anschließend stellen Sie zwei Holzkohlekörbe auf den Kohlerost und schütten die glühenden Briketts in die beiden Körbe. Nun wird der Grillrost eingesetzt, der Deckel geschlossen und der Grill auf etwa 260 °C vorgeheizt.

Während des Vorheizens sollten die Lüftungsschieber im Boden des Grillkessels und im Deckel vollständig geöffnet sein. Sobald es aber ans Grillen geht, werden sie etwa zur Hälfte geschlossen. Damit das Feuer nicht erstickt, braucht es natürlich eine gewisse Luftzufuhr, vor allem im Bereich unterhalb der Briketts, aber es darf nicht zu viel kalte Luft in den Grill gelangen.

Brauchen Sie über mehrere Stunden Grillhitze, glühen Sie neue Briketts etwa 30 Minuten, bevor Sie sie nachlegen müssen, im Anzündkamin vor. Dafür ist ein zweiter Holzkohlegrill natürlich sehr praktisch. Andernfalls stellen Sie den Kamin zum Vorglühen der Briketts in einen Blecheimer oder in ein anderes feuerfestes Gefäß, um die glühenden Briketts anschließend nach Bedarf in die Kohlekörbe des Grills schütten zu können. Auf dem Boden oder in der Nähe von Kindern und Haustieren hat der heiße Anzündkamin aber auf keinen Fall etwas zu suchen!

NACH DEM GRILLEN

1. Wenn Sie mit dem Grillen fertig sind, säubern Sie noch rasch den **Grillrost** und lassen Sie die Glut dann herunterbrennen, während Sie Ihr Essen genießen.

Der Grill bleibt erst einmal da, wo sie ihn hingestellt haben. Ihn noch mit glühenden Briketts oder dem heißen Grillrost in die Garage oder den Schuppen zu stellen, ist keine gute Idee. Die winterlichen Außentemperaturen lassen Grill und Rost schnell genug erkalten!

2. Alles **Grillzubehör** dagegen sollten Sie ins Haus bringen, bevor Sie mit dem Essen beginnen. Andernfalls kann es auf den abgelegten Arbeitsflächen anfrieren. So oder so sollte Grillzubehör im Winter im Haus gelagert werden und nicht im Freien herumliegen. Zum einen darf es nicht eisig kalt sein, wenn Sie es verwenden, zum anderen findet sich alles, was im Schnee verloren geht, unter Umständen erst beim nächsten Tauwetter wieder.

3. Sie haben gegessen, allen geht es gut. Jetzt sollten Sie trotzdem aufstehen und prüfen, ob der Grill vollständig erkaltet ist. Wenn ja, ziehen Sie die **Abdeckhaube** über, damit er vor Wetterschäden geschützt ist.

DIREKTE UND INDIREKTE HITZE

DEN UNTERSCHIED ZWISCHEN DIREKTER UND INDIREKTER HITZE ZU VERSTEHEN GEHÖRT ZU DEN FUNDAMENTALEN GRUNDLAGEN DES GRILLENS.

Wenn ein Rezept **direkte Hitze** vorsieht, so bedeutet das, dass das Grillgut direkt über der Hitzequelle liegen soll, also über der Glut eines Holzkohlegrills oder über den angezündeten Brennern des Gasgrills. Die direkt auf das Grillgut abstrahlende Hitze bewirkt, dass die Oberfläche scharf angebraten wird und sich dabei durch Karamellisierung köstliche Aromen und eine Kruste entwickeln können, während das Grillgut innen gart. Grillen über direkter Hitze eignet sich am besten für dünneres, zarteres Grillgut, das schnell gar wird: etwa für Steaks und Burger oder entbeinte Hähnchenteile, Fischfilets, Schalentiere und klein geschnittenes Gemüse.

Bei **indirekter Hitze** liegt das Grillgut seitlich neben der direkt abstrahlenden Hitzequelle. Bei Gasgrills wird dies durch das Ausschalten eines oder mehrerer Brenner erreicht. Liegt das Grillgut über einem ausgeschalteten Brenner und ist der Grilldeckel geschlossen, grillen Sie über indirekter Hitze. Im Holzkohlegrill platzieren Sie die Glut links und rechts so im Kohlerost, dass die Mitte frei bleibt, oder nur auf einer Hälfte. Das Grillgut liegt auf dem Teil des Grillrosts, unter dem sich keine Glut befindet. Über indirekter Hitze gart das Grillgut sanfter. Sie ist hervorragend geeignet für größere, kernigere Fleischstücke, die länger garen müssen, etwa Braten oder ganzes Geflügel.

TIPPS
RUND UMS WINTERGRILLEN

OB GAS ODER HOLZKOHLE, DIREKTE ODER INDIREKTE HITZE, AUCH DAS DRUMHERUM MUSS STIMMEN. KLEINE TIPPS UND KNIFFE FÜR GRILLHELDEN IM WINTER.

1 TIPP

GUSSEISEN SPEICHERT HITZE

Arbeiten Sie am besten auf einem gusseisernen Grillrost, da er die Hitze besser speichert. Das gleiche gilt auch für das Kochgeschirr, z. B. den Dutch Oven, einen dickwandigen gusseisernen Grillkochtopf.

3

Hygiene heißt, nichts anfrieren zu lassen

Entfernen Sie Essensreste, Flecken und Fettspritzer auf Arbeitstischen oder am Boden sofort, denn sie frieren ganz schnell an und lassen sich am nächsten Tag nicht mehr einfach wegwischen. So vermeiden Sie auch, das eine oder andere Tier anzulocken.

2

Drahtlos ist am besten

Verwenden Sie bei der Zubereitung von großen Fleischstücken ein digitales Fleischthermometer mit drahtloser Datenübertragung. Stechen Sie den Messfühler ins Grillgut, schließen Sie den Grilldeckel und bringen Sie das Messgerät ins Haus. Auf diese Weise müssen Sie den Deckel weniger häufig öffnen, und Sie halten sich und dem Fleisch den kalten Wind vom Leib.

4

Auskühlen vermeiden

Lassen Sie Platten und Teller, auf denen das Grillgut ins Haus gebracht werden soll, nicht draußen herumstehen. Sie werden schnell zu kalt und würden das heiße Grillgut ebenso schnell abkühlen. Im Gegenteil, wärmen Sie die dafür vorgesehenen Platten und Teller im Backofen vor, bevor Sie das Essen vom Grill nehmen. Aber prüfen Sie vorher, ob das Geschirr die große Temperaturschwankung vom warmen Ofen ins frostige Freie tatsächlich übersteht ohne zu springen.

INS FREIE KOMMT NUR, WAS GEBRAUCHT WIRD

5

Bringen Sie alles nach innen, was Sie draußen gerade nicht brauchen. Marinaden oder Saucen zum Bestreichen des Grillguts können in winterlicher Kälte gefrieren. Zerlassene Butter und manche Öle flocken bei Kälte aus und sind dann zum Bepinseln des Grillguts untauglich. Feuchte oder nass gewordene Gegenstände frieren leicht auf Metall- oder Holzflächen an. Bei Minusgraden kann selbst das Grillgut gefrieren, bevor es auf den Grill gelangt. Die Mühe, es vorher auf Raumtemperatur gebracht zu haben, war dann vergeblich. Bringen Sie die Zutaten erst nach draußen, wenn sie tatsächlich an der Reihe sind.

6

Bei klirrender Kälte kurze Grillzeiten wählen

Legen Sie bei heftigen Minusgraden nur Zutaten auf den Grill, die schnell fertig sind, etwa Filet mignon, Bratwürste oder Fischfilets. Selbst die größten Helden des Wintergrillens werden bei derartigen Temperaturen zu Eiszapfen, wenn sie zu lange am Grill stehen müssen.

7

FEUCHTIGKEIT VERMEIDEN

Nasse, feuchte Textilien leiten Hitze schneller als trockene. Grillhandschuhe oder Topflappen, die durch aufgetautes Eis oder Schnee nass geworden sind, können im Nu zu schweren Verbrennungen führen. Lassen Sie sie deshalb so oft es geht im Haus (auf einer Heizung) und nehmen Sie sie nur dann mit nach draußen, wenn es nötig ist. Sind Handschuhe, Topflappen und dergleichen einmal nass, sollten Sie Ersatz bereitliegen haben.

8

Kinder auf Abstand zum Grill halten

Halten Sie Kinder zum Grill auf Abstand. Gerade weil es draußen so kalt ist, ist den Kleinen oft nicht bewusst, wie heiß der Grill wirklich ist. Und in dicke Anoraks eingemummelt, kann den Kindern das Gespür für die sichere Entfernung zum heißen Grill fehlen.

9

GEWITTER SIND KEINE HERAUSFORDERUNG

Bei Regen sollten Sie unter einem Regenschirm arbeiten. Wohlgemerkt Sie, nicht Ihr Grill! Ein aufgespannter Schirm ist jedoch ein No-Go bei Gewittern, die Sie im sicheren Haus vorüberziehen lassen sollten.

10

EINE BAR IM SCHNEE BAUEN

IM WINTER LASSEN SICH GETRÄNKE PRIMA IM SCHNEE KÜHLEN. GRABEN SIE IN ETWAS ENTFERNUNG ZUM GRILL EIN KLEINES SCHNEELOCH UND GEBEN SIE DIE FLASCHEN HINEIN. LEGEN SIE GUT SICHTBAR AUCH FLASCHENÖFFNER ODER KORKENZIEHER DAZU UND DENKEN SIE GEGEBENENFALLS AN EINE HÜBSCHE BELEUCHTUNG.

GUT AUFGELEGT

MAL EINFACH UND SCHNELL, MAL ETWAS AUFWENDIGER
UND RAFFINIERTER – AUF JEDEN FALL GUT AUFGELEGT
UND WIE GESCHAFFEN GEGEN KÄLTE UND FROST.
ENDLICH IST WINTERGRILLZEIT!

FLAMMKUCHEN
MIT SPECK UND LAUCH

Mit diesem Rezept wird der Klassiker, so wie einst, buchstäblich »in Flammen« gebacken, und wer mag,
kann ihn nach 10 Minuten auf dem Grill auch noch mit 125 g geriebenem Gruyère bestreuen.

FÜR 6 PERSONEN ALS HAUPTGERICHT ODER **FÜR 12 PERSONEN** ALS VORSPEISE | ZUBEREITUNGSZEIT: 40 MIN. | GRILLZEIT: 25–30 MIN.
ZUBEHÖR: GRILLFESTES BACKBLECH MIT RAND (ETWA 43 X 33 CM)

Für den Teig
400–450 g Mehl
1 Pck. Trockenhefe (7 g)
1½ TL Salz
1 TL Zucker
1 EL Öl, plus Öl für die Schüssel

Für den Belag
250 g durchwachsener Räucherspeck oder Pancetta
    am Stück, Schwarte entfernt, den Speck in ½ cm große
    Würfel geschnitten
1 EL Öl
1 kg mittelgroße Stangen Lauch, nur die weißen und
    hellgrünen Abschnitte in feine runde Scheiben
    geschnitten (sollte etwa 500 g ergeben)
½ TL naturreines grobes Meersalz
½ TL frisch gemahlener schwarzer Pfeffer
220 g Quark, mit 120 g Crème fraîche glatt gerührt

1. Den Teig in der Küchenmaschine oder mit den Händen
zubereiten. In der Küchenmaschine das Mehl mit Hefe,
Salz und Zucker einige Male durchmixen, anschließend das
Öl unterrühren. Bei laufendem Motor nach und nach etwa
300 ml lauwarmes Wasser einarbeiten, bis sich der Teig zu
einer Kugel zusammenballt. Den Teig 45 Sek. kneten und
bei Bedarf esslöffelweise weiteres Mehl unterkneten, sollte
er zu klebrig sein. Wenn Sie den Teig mit den Händen zubereiten wollen, verrühren Sie in einer großen Schüssel
Hefe, Öl, Zucker und Salz in 300 ml lauwarmem Wasser.
Dann so viel Mehl ins Hefewasser rühren, bis die Mischung
nicht mehr durchgerührt werden kann. Auf einer bemehlten Arbeitsfläche etwa 10 Min. durchkneten, dabei nach
Bedarf weiteres Mehl zugeben, bis ein glatter, weicher, nicht

zu klebriger Teig entsteht. Den Teig zu einer Kugel formen.
Eine Schüssel dünn mit Öl ausstreichen und die Teigkugel
darin rundum mit dem Öl benetzen. Die Schüssel mit
Frischhaltefolie verschließen und den Teig an einem warmen Ort ¾–1 Std. zu doppeltem Volumen aufgehen lassen.

2. Inzwischen die Speckwürfel in einer mittelgroßen Pfanne in 1 EL Öl auf mittlerer Stufe unter häufigem Rühren
8–10 Min. braten, bis sie leicht gebräunt sind. Mit einem
Schaumlöffel herausheben und auf Küchenpapier entfetten.
Das Fett in der Pfanne bis auf 2 EL abgießen. Den Lauch
in die Pfanne geben, mit Salz und Pfeffer würzen und auf
mittlerer Stufe in 10–12 Min. unter gelegentlichem Rühren
weich dünsten, ohne dass er Farbe annimmt. In einer
Schüssel auskühlen lassen, dann den Speck untermischen.

3. Den Grill für indirekte mittlere Hitze (175–230 °C)
vorbereiten.

4. Das grillfeste Backblech dünn mit Öl ausstreichen. Die
Teigkugel auf einer leicht bemehlten Arbeitsfläche zu einem 25 x 20 cm großen Rechteck ausrollen. Auf das Blech
legen und bis an die Ränder ausziehen. Die Quarkmasse bis
auf einen 1¼ cm breiten äußeren Rand auf dem Teig verstreichen und darauf die Lauch-Speck-Mischung verteilen.

5. Das Backblech über *indirekte mittlere Hitze* legen und
den Flammkuchen bei geschlossenem Deckel 25–30 Min.
grillen, bis er auf der Unterseite und an den Rändern goldbraun ist und die Quarkmasse eingedickt und saftig ist. Die
Grillhitze sollte konstant zwischen 200 und 220 °C liegen.
Vom Grill nehmen und 3 Min. ruhen lassen. Den Flammkuchen in Stücke schneiden und warm servieren.

ÜBERBACKENE BRUSCHETTE
MIT RADICCHIO, BIRNE UND BALSAMICO-SIRUP

Für diese herzhafte Vorspeise können Sie auch Brie oder Camembert verwenden. Damit nichts von dem schmelzenden Käse verloren geht (er ist der eigentliche Hit), sollten Sie die Brote in einer Gusseisenpfanne oder auf einer Grillplatte zubereiten.

FÜR 4 PERSONEN | **ZUBEREITUNGSZEIT:** 10–12 MIN., PLUS ETWA 10 MIN. FÜR DEN SIRUP | **GRILLZEIT:** 6–9 MIN. (WENN DIE BROTE IN EINEM DURCHGANG GEGRILLT WERDEN) | **ZUBEHÖR:** GELOCHTE GRILLPFANNE, GROSSE GUSSEISERNE PFANNE ODER GRILLPLATTE

Für den Sirup

125 ml Aceto balsamico
1 EL brauner Zucker
1 Msp. naturreines grobes Meersalz

Für den Radicchio

1 Kopf Radicchio (etwa 250 g), geputzt, längs halbiert,
  jede Hälfte durch den Strunk geviertelt
Olivenöl
¾ TL naturreines grobes Meersalz
½ TL frisch gemahlener schwarzer Pfeffer

8 Scheiben (je 1¼ cm dick) Ciabatta, Pugliese oder
  ein anderes rustikales Landbrot
 2 große Knoblauchzehen, geschält, quer halbiert
1 reife, aber nicht zu weiche Birne, halbiert, entkernt,
  längs in knapp 1 cm dicke Scheiben geschnitten
180 g Reblochon de Savoie (franz. Weichkäse),
  in 8 etwa 5 mm dicke Scheiben geschnitten

1. In einem kleinen Topf die Zutaten für den Sirup verrühren, auf hoher Stufe aufkochen, dann auf mittlerer Stufe etwa 8 Min. im offenen Topf köcheln lassen, bis der Essigsud sirupartig auf die Hälfte eingekocht ist. Vom Herd nehmen und abkühlen lassen.

2. Den Grill für direkte und indirekte mittlere Hitze (175–230 °C) vorbereiten.

3. Den Grillrost mit der Bürste säubern. Die Grillpfanne über direkter mittlerer Hitze 5 Min. vorheizen. Radicchiospalten und alle vom Strunk abgelösten Blätter dünn mit Öl bestreichen, salzen und pfeffern. In der vorgeheizten Pfanne über *direkter mittlerer Hitze* bei geschlossenem Grilldeckel 2–3 Min. grillen, bis der Radicchio ein wenig zusammengefallen und gebräunt ist, dabei nach Bedarf wenden. Vom Grill nehmen und auf einen Teller geben.

4. Die Brote auf dem Grillrost über *direkter mittlerer Hitze* bei geschlossenem Deckel etwa 1 Min. von beiden Seiten rösten. Vom Grill nehmen und jede Scheibe mit Knoblauch einreiben. Mit der Knoblauchseite nach oben in die Gusseisenpfanne oder auf die Grillplatte setzen, zuerst mit einigen Birnenscheiben, dann mit 1 Scheibe Käse belegen (abhängig von der Größe der Pfanne oder Grillplatte die Brote portionsweise zubereiten) und über *indirekter mittlerer Hitze* bei geschlossenem Deckel 6 Min. grillen, bis der Käse weich und etwas geschmolzen ist. Während der letzten Minute die Brote jeweils mit Radicchio belegen.

5. Vom Grill nehmen, die Bruschette auf einem Servierteller mit je 1–2 TL Balsamico-Sirup beträufeln und servieren. Oder die Bruschette auf einem Servierteller locker in Alufolie einschlagen, dabei an den Seiten jeweils eine Öffnung lassen, damit der Dampf austreten kann und die Brote knusprig bleiben. Den Teller an einen warmen Ort stellen, bis die restlichen Bruschette fertig sind.

TÜRKISCHE LAMM-PIE
MIT KORINTHEN

Dieses Rezept hat die knusprigen türkischen Börek-Teigtaschen zum Vorbild, sie werden aber der Einfachheit halber als ganze Pie gebacken. Freuen Sie sich auf eine raffiniert gewürzte türkische Delikatesse!

FÜR 6–8 PERSONEN | **ZUBEREITUNGSZEIT:** 20 MIN., PLUS ETWA ½ STD. FÜR DIE FÜLLUNG | **GRILLZEIT:** 30–40 MIN.
ZUBEHÖR: GROSSE PFANNE, PIEFORM AUS METALL (24 CM Ø), BACKBLECH

150 g Korinthen
2 EL Olivenöl
1 mittelgroße Zwiebel, fein gewürfelt
2 Knoblauchzehen, fein gehackt
700 g Lammhackfleisch
1 TL gemahlener Kreuzkümmel
1 TL getrockneter Oregano
½ TL gemahlener Zimt
1 TL naturreines grobes Meersalz
½ TL frisch gemahlener schwarzer Pfeffer
1 Prise Cayennepfeffer
3 EL Tomatenmark
100 g Feta, zerbröckelt
4 EL fein gehackte Petersilie
6 EL Butter, zerlassen
10 Filo- oder Yufkateigblätter (TK-Ware aufgetaut)

RAFFINIERT GEWÜRZT

1. In einer kleinen Schüssel die Korinthen in 250 ml kochend heißem Wasser 20 Min. einweichen. Abgießen und mit Küchenpapier trockentupfen.

2. Inzwischen in der großen Pfanne das Öl auf mittlerer Stufe erhitzen. Darin Zwiebel und Knoblauch unter gelegentlichem Rühren 3 Min. dünsten. Das Hackfleisch zufügen und in etwa 10 Min. braun und krümelig braten, dabei hin und wieder durchrühren und größere Fleischstücke zerteilen.

3. Die Gewürze unter das Fleisch mischen, anschließend 250 ml Wasser angießen und das Tomatenmark zufügen. Alles auf mittlerer bis hoher Stufe unter ständigem Rühren zum Kochen bringen, dann bei reduzierter Hitze unter häufigem Rühren 10–15 Min. einkochen lassen, bis keine Flüssigkeit mehr in der Pfanne ist. Die Pfanne von der Hitzequelle nehmen und die Mischung erkalten lassen. Korinthen, Feta und Petersilie unterrühren. Inzwischen den Grill für indirekte mittlere Hitze (175–230 °C) vorbereiten.

4. Die Pieform dünn mit zerlassener Butter auspinseln. Die Form mit 1 Teigblatt auskleiden und das Blatt mit etwas zerlassener Butter bestreichen. 1 weiteres Teigblatt leicht versetzt zum ersten hineinlegen und über den Formrand hängen lassen. Das Blatt dünn mit zerlassener Butter bestreichen. Auf diese Weise 6 weitere Teigblätter versetzt zueinander einschichten und die Blätter jeweils dünn mit Butter bestreichen. Die Hackfleischmischung einfüllen, mit 1 weiteren, in der Mitte gefalteten Teigblatt abdecken und das Teigblatt mit zerlassener Butter bepinseln. Die Fleischmischung mit dem letzten Teigblatt genauso abdecken. Die Teigränder darüberschlagen und die Oberseite mit der restlichen Butter bepinseln. Die Form auf das Backblech stellen.

5. Die Pie auf dem Backblech über *indirekter mittlerer Hitze* bei geschlossenem Deckel in 30–40 Min. goldbraun backen. Vom Grill nehmen und 10 Min. abkühlen lassen. In Stücke schneiden und warm servieren.

ZWIEBELKUCHEN
MIT SPECK UND PARMESAN

Am besten schmeckt der Zwiebelkuchen mit Blätterteig, der ausschließlich mit Butter zubereitet wurde, also ohne pflanzliche Fette und Öle. Machen Sie dazu eine Flasche deutschen Riesling auf, am besten eine Spätlese.

FÜR 6 PERSONEN | ZUBEREITUNGSZEIT: 35 MIN. | GRILLZEIT: 45–50 MIN.
ZUBEHÖR: GROSSE GELOCHTE GRILLPFANNE, GRILLFESTE PFANNE, GRILLFESTES BACKBLECH MIT RAND

750 g Zwiebeln, quer in gut ½ cm dicke Scheiben
  geschnitten
4 EL Olivenöl, plus Öl für das Backblech
5 dicke Scheiben Frühstücksspeck (insgesamt 150 g)
2 TL fein gehackter Thymian
½ TL frisch gemahlener schwarzer Pfeffer
Mehl für die Arbeitsfläche
250–270 g fertiger Blätterteig (TK-Ware aufgetaut)
60 g geriebener Parmesan

1. Den Grill für direkte und indirekte mittlere Hitze (175–230 °C) vorbereiten.

2. Den Grillrost mit der Bürste säubern. Die Zwiebelscheiben auf beiden Seiten mit 3 EL Öl einpinseln und in der Grillpfanne verteilen. Zwiebeln über *direkter mittlerer Hitze* bei geschlossenem Deckel 15–20 Min. grillen, bis sie weich und gebräunt sind, dabei ab und zu mit einer Grillzange wenden. Zwiebeln vom Grill nehmen, auf einem großen Schneidbrett in die Küche bringen und fein würfeln, anschließend in eine mittelgroße Schüssel geben. Die Grilltemperatur nicht absinken lassen.

3. Die Speckscheiben in die grillfeste Pfanne legen und die Pfanne über direkte Hitze stellen. Den Speck über *direkter mittlerer Hitze* unter gelegentlichem Wenden in 6–7 Min. knusprig braten. Die Pfanne in die Küche bringen, die Speckscheiben auf Küchenpapier entfetten und einige Minuten abkühlen lassen. Den Speck über den Zwiebeln zerbröckeln, Thymian und Pfeffer zufügen und alles mit dem übrigen 1 EL Öl vermengen.

4. Eine Arbeitsfläche mit Mehl bestäuben. Darauf den Blätterteig zu einem 30 cm großen Quadrat oder Kreis ausrollen. Den Teigrand 1 ¼ cm breit mit Wasser bepinseln, dann nach innen schlagen und rundum leicht andrücken, sodass ein erhöhter Teigrand entsteht. Das grillfeste Backblech dünn mit Öl auspinseln und den Blätterteig darauflegen. Die Zwiebel-Speck-Mischung gleichmäßig auf dem Teig verteilen und mit dem Parmesan bestreuen.

5. Den Zwiebelkuchen auf dem Backblech über *indirekter mittlerer Hitze* bei geschlossenem Deckel 25–30 Min. backen, bis der Teig schön aufgegangen und goldbraun ist. In dieser Zeit die Grilltemperatur zwischen 190 und 200 °C halten. Auf dem Backblech in die Küche bringen und auf einem Backofengitter 5–10 Min. abkühlen lassen. In Stücke schneiden und servieren.

GEGRILLTE BRATWÜRSTE
MIT RAUCHIGEM WEISSKOHLSALAT

Der kurz gegrillte Weißkohl verleiht dem Salat ein dezentes Raucharoma, das ganz wunderbar zu den Bratwürsten passt, die schön gebräunt und heiß vom Grill kommen. Jetzt fehlen nur noch ein dunkles Bier und ein rustikales Bauernbrot! Mahlzeit!

FÜR 6 PERSONEN | ZUBEREITUNGSZEIT: ¼ STD. | GRILLZEIT: 26–28 MIN.

*1 kleiner Kopf Weißkohl (etwa 700 g),
    durch den Strunk geviertelt
Olivenöl
4 EL Apfelessig
1 EL Zucker
¾ TL Salz
½ TL frisch gemahlener schwarzer Pfeffer
4 EL Schmand
3 EL fein gehackte Dillspitzen
12 rohe Bratwürste (etwa 1 ½ kg)*

DEZENTES RAUCH-AROMA

1. Den Grill für direkte und indirekte mittlere Hitze (175–230 °C) vorbereiten. Die Schnittflächen der Kohlviertel jeweils dünn mit Olivenöl bepinseln.

2. Den Grillrost mit der Bürste säubern. Die Weißkohlviertel mit einer der beiden Schnittflächen nach unten über *direkter mittlerer Hitze* bei geschlossenem Deckel 6–8 Min. grillen. Dabei die Viertel einmal wenden, damit beide Schnittflächen ein Grillmuster bekommen und die Viertel ein klein wenig weicher werden. Dann vom Grill nehmen und auf einem Schneidbrett in die Küche bringen.

3. Für das Dressing in einer großen Schüssel den Essig mit Zucker, Salz und Pfeffer verrühren, bis sich der Zucker aufgelöst hat. Anschließend Schmand und Dill zufügen und das Dressing glatt rühren.

4. Von den Kohlvierteln den Strunk herausschneiden. Den Kohl in feine Streifen schneiden, zum Dressing in die große Schüssel geben und alles gut vermischen. Bei Raumtemperatur durchziehen lassen.

5. Den Grillrost noch einmal mit der Bürste säubern. Die Bratwürste über *indirekter mittlerer Hitze* bei geschlossenem Deckel 10 Min. anbraten, dabei einmal wenden. Anschließend über *direkte mittlere Hitze* legen und 10 Min. weitergrillen, dabei ab und zu wenden, bis sie durchgegart und von allen Seiten schön gebräunt sind. Die Bratwürste auf einem Servierteller ins Haus bringen und heiß mit dem Weißkohlsalat servieren.

IN CIDRE GESCHMORTE
BRATWÜRSTE MIT ZWIEBELN

Abwechslung in der Wurst-Grillküche ist hier garantiert. Nach dem Anbraten der Würste dürfen sie zusammen mit den Zwiebeln schön langsam in einem köstlichen Cidre-Sud schmoren. Und Sie? Haben Zeit für Ihre Gäste.

FÜR 8 PERSONEN | ZUBEREITUNGSZEIT: ¼ STD. | **GRILLZEIT:** ETWA ¾ STD.| **ZUBEHÖR:** GROSSE GUSSEISERNE PFANNE (30 CM Ø)

2 EL Öl
3 große Zwiebeln, geschält, halbiert, in ½ cm dicke
  halbmondförmige Scheiben geschnitten
1½ TL Kümmelsamen
1 TL naturreines grobes Meersalz
½ TL frisch gemahlener schwarzer Pfeffer
8 rohe Bratwürste
350 ml Apfel-Cidre
8 längliche Brötchen, aufgeschnitten
körniger Senf

1. Den Grill für direkte mittlere Hitze (175–230 °C) vorbereiten.

2. Den Grillrost mit der Bürste säubern. Das Öl in der großen Gusseisenpfanne über direkter Hitze heiß werden lassen. Zwiebeln, Kümmel, Salz und Pfeffer zufügen, die Pfanne mit einem Deckel oder mit Alufolie verschließen und die Zwiebeln über *direkter mittlerer Hitze* bei geschlossenem Grilldeckel 15–20 Min. dünsten, bis sie etwas weich werden; ab und zu umrühren. Dann den Pfannendeckel oder die Alufolie abnehmen und die Zwiebeln bei geschlossenem Grilldeckel unter gelegentlichem Rühren weitere 10–15 Min. leicht bräunen lassen.

3. Inzwischen die Bratwürste auf dem Grillrost über *direkter mittlerer Hitze* 6–8 Min. von allen Seiten anbraten und dabei den Grilldeckel möglichst oft geschlossen halten. Die Würste zu den gebräunten Zwiebeln in die Pfanne geben und den Cidre zugießen. Würste und Zwiebeln bei geschlossenem Grilldeckel 15–20 Min. schmoren lassen, bis die Zwiebeln sehr weich sind und der Cidre um die Hälfte eingekocht ist. Während der letzten Minute die Brötchenhälften mit den Schnittflächen nach unten auf dem Rost über direkter Hitze rösten.

4. Zwischen die Brötchenhälften jeweils 1 Bratwurst mit Zwiebeln und etwas Cidre-Sud geben und warm servieren. Dazu körnigen Senf reichen.

SCHWEINELENDENSTEAKS
MIT ROSMARIN UND CRANBERRY-CHUTNEY

Während das Fleisch mariniert, bereiten Sie das Chutney zu und können anschließend innerhalb von 10 Minuten ein wunderbares Essen servieren. Das säuerlich-herbe Cranberry-Chutney passt ideal zum rosmarinwürzigen Fleisch.

FÜR 4 PERSONEN | ZUBEREITUNGSZEIT: 20 MIN. | GRILLZEIT: 8–10 MIN.

3 EL Olivenöl
1 EL fein gehackter Rosmarin
2 TL fein gehackter Knoblauch
1½ TL naturreines grobes Meersalz
½ TL frisch gemahlener schwarzer Pfeffer
4 Schweinelendensteaks (je 180–200 g schwer und
   2½ cm dick), überschüssiges Fett entfernt

Für das Chutney
180 g Cranberrys (TK-Ware aufgetaut)
125 ml frisch gepresster Orangensaft (von 2–3 Orangen)
100 g Zucker
1 EL Meerrettich (Glas)
1 TL fein gehackter Rosmarin
¼ TL naturreines grobes Meersalz

1. In einer kleinen Schüssel das Olivenöl mit Rosmarin, Knoblauch, Salz und Pfeffer verrühren. Die Lendensteaks auf beiden Seiten mit dem Würzöl bestreichen und bei Raumtemperatur 20 Min. marinieren lassen. Inzwischen das Chutney zubereiten.

2. In einem mittelgroßen Topf die Cranberrys mit den übrigen Chutney-Zutaten mischen und auf mittlerer bis hoher Stufe aufkochen. Anschließend die Hitze reduzieren, einen Deckel auflegen und das Chutney etwa 10 Min. köcheln lassen, bis es eingedickt und ein Großteil der Beeren aufgeplatzt ist, dabei ein- bis zweimal umrühren. Den Topf vom Herd nehmen.

3. Den Grill für direkte mittlere Hitze (175–230 °C) vorbereiten.

SCHNELL UND LECKER

4. Den Grillrost mit der Bürste säubern. Die Lendensteaks auf dem Rost über *direkter mittlerer Hitze* bei geschlossenem Deckel 8–10 Min. grillen, bis sie im Kern noch leicht rosa sind, dabei ein- bis zweimal wenden. Vom Grill nehmen und 3–5 Min. nachziehen lassen. Warm mit dem Chutney servieren.

BURGER MIT KÄSEFÜLLUNG
UND ROTKOHLSALAT

Eine geradezu ideale Kombination: Saftige, mit Käse gefüllte Rindfleischpattys ergeben zusammen mit Rotkohlsalat wunderbare Winterburger.

FÜR 4 PERSONEN | ZUBEREITUNGSZEIT: ½ STD. | KÜHLZEIT: 1–3 STD. | GRILLZEIT: 8–10 MIN.

Für den Salat
½ kleiner Kopf Rotkohl, fein gehobelt (etwa 250 g)
1 große Möhre, geraspelt
1 kleine Zwiebel, grob gerieben (etwa 4 EL)
100 g Mayonnaise
1–1 ½ EL Meerrettich (Glas)
2 TL Apfelessig
2 TL Dijon-Senf
1 TL Zucker
¼ TL naturreines grobes Meersalz
¼ TL frisch gemahlener schwarzer Pfeffer

700 g Rinderhackfleisch aus der Schulter (20 % Fettanteil)
2 TL Worcestersauce
1–1 ½ TL naturreines grobes Meersalz

¾ TL frisch gemahlener schwarzer Pfeffer
60 g gereifter Cheddar, grob gerieben (ca. 8 EL)

4 Ciabatta- oder Burger-Brötchen, aufgeschnitten

1. Für den Salat in einer großen Schüssel den Rotkohl mit Möhre und Zwiebel mischen. In einer kleinen Schüssel die Mayonnaise mit den restlichen Salatzutaten verrühren. Die Rotkohlmischung mit dem Mayonnaise-Dressing anmachen und zugedeckt mind. 1 Std. oder bis zu 3 Std. im Kühlschrank ziehen lassen.

2. Das Fleisch mit Worcestersauce, Salz und Pfeffer behutsam vermengen. Mit angefeuchteten Händen aus der Hackfleischmasse vier möglichst gleich große, lockere Bällchen formen und in die Mitte jedes Bällchens mit dem Daumen eine tiefe Mulde drücken. In jede Mulde 2 EL geriebenen Käse geben und das Fleisch über dem Käse wieder gut verschließen. Die Bällchen zu 2 cm dicken Pattys formen und abgedeckt mind. 1 oder bis zu 3 Std. kalt stellen. 30 Min. vor dem Grillen aus dem Kühlschrank nehmen.

3. Den Grill für direkte mittlere bis starke Hitze (200–260 °C) vorbereiten.

4. Den Grillrost mit der Bürste säubern. Die raumtemperierten Pattys über *direkter mittlerer bis starker Hitze* bei geschlossenem Deckel 8–10 Min. grillen, bis sie halb durch (medium) sind, dabei einmal wenden, sobald sie sich leicht vom Rost lösen lassen. Während der letzten Grillminute die Brötchenhälften mit der Schnittfläche nach unten über direkter Hitze rösten.

5. Auf die unteren Brötchenhälften jeweils 1 Patty legen und mit einem Schaumlöffel etwas Rotkohlsalat (überschüssige Flüssigkeit in die Schüssel abtropfen lassen) daraufgeben. Mit der Brötchenoberseite abdecken und die Burger warm servieren.

SPANNENDE KOMBINATION

SCHARFE BURGER
ALL'AMATRICIANA

Die herzhaften Zutaten einer italienischen Sauce all'amatriciana – Tomaten, Pancetta, Parmesan und Chili – verleihen den Burgern Saftigkeit, intensiven Geschmack und kräftige Schärfe. Rohe Zwiebeln sorgen für den Frischekick am Gaumen.

FÜR 4 PERSONEN | ZUBEREITUNGSZEIT: 25 MIN. | **GRILLZEIT:** ETWA 25–30 MIN. | **ZUBEHÖR:** GROSSE GUSSEISERNE PFANNE (30 CM Ø)

Für die Tomaten

300 g Datteltomaten
1 EL Olivenöl
½ TL naturreines grobes Meersalz
½ TL Zucker
¼ TL frisch gemahlener schwarzer Pfeffer

Für die Pattys

700 g Rinderhackfleisch aus der Schulter (20 % Fettanteil)
120 g Pancetta, fein gewürfelt
½ kleine Zwiebel, fein gewürfelt
4 EL frisch geriebener Parmesan
2 TL fein gehackter Knoblauch
1 ½ TL rote Chiliflocken
1 TL naturreines grobes Meersalz
1 TL getrockneter Majoran

4 Burger-Brötchen, aufgeschnitten
100 g Mayonnaise
1 rote Zwiebel, in dünne Ringe geschnitten

1. Den Grill für direkte mittlere Hitze (175–200 °C) sowie direkte und indirekte mittlere bis starke Hitze (200–260 °C) vorbereiten. Die Gusseisenpfanne über direkter mittlerer Hitze 10 Min. vorheizen.

2. Die Tomaten samt Öl und Gewürzen in die vorgeheizte Pfanne geben, gut vermischen und über *direkter mittlerer Hitze* bei geschlossenem Deckel 15–20 Min. grillen, bis sie ihre Form verloren haben und zu einer dicken, stückigen Sauce eingekocht sind. Während der Grillzeit die Tomaten gelegentlich umrühren und die Grilltemperatur konstant zwischen 175 und 200 °C halten. Die Pfanne vom Grill nehmen und die Tomaten in eine Schüssel geben.

3. Inzwischen das Hackfleisch mit den restlichen Zutaten für die Pattys behutsam mischen. Mit angefeuchteten Hän-

den aus der Hackfleischmasse vier möglichst gleich große, lockere, etwa 2 cm dicke Pattys formen. Dabei das Fleisch nicht zu stark zusammendrücken, sonst werden die Pattys beim Grillen hart. Mit dem Daumen oder Rücken eines Teelöffels eine flache, etwa 2 ½ cm breite Vertiefung in die Mitte der Pattys drücken. Dadurch wölben sie sich während des Grillens nicht und garen gleichmäßig.

4. Den Grillrost mit der Bürste säubern. Die Pattys über *direkter mittlerer bis starker Hitze* bei geschlossenem Deckel 8–10 Min. grillen, bis sie halb durch (medium) sind, dabei einmal wenden, sobald sie sich leicht vom Rost lösen lassen (bei Flammenbildung die Pattys vorübergehend in die indirekte Zone legen). Während der letzten Grillminute die Brötchenhälften jeweils mit der Schnittfläche nach unten über direkter Hitze rösten. Alle Zutaten vom Grill nehmen. Die Brötchenunterseiten mit Mayonnaise bestreichen, mit je 1 Patty belegen, darauf Tomatensauce und Zwiebelringe geben und mit der oberen Brötchenhälfte abgedeckt warm servieren.

KOREANISCHE BURGER
MIT GEGRILLTEN KÜRBISSPALTEN

Die geschmacksintensiven Burger werden nach einem bekannten koreanischen Gericht namens Bulgogi gewürzt und nicht in Brötchen serviert, sondern mit leicht süßlichen Kürbisspalten auf Tellern angerichtet. Wer es etwas schärfer mag, kann die Burger vor dem Servieren mit asiatischer Chilisauce bestreichen.

FÜR 6 PERSONEN | ZUBEREITUNGSZEIT: 25 MIN. | GRILLZEIT: ETWA 2 STD. | ZUBEHÖR: GROSSE EINWEG-ALUSCHALE

Für den Kürbis

2 Kürbisse (möglichst Eichelkürbisse oder Hokkaido; je 650–750 g)
3 EL Erdnussöl
3 EL hellbrauner Zucker
¾ TL naturreines grobes Meersalz
¼ TL Cayennepfeffer

Für die Burger

1 kg Rinderhackfleisch aus der Schulter (20 % Fettanteil)
4 Frühlingszwiebeln, in feine Scheiben geschnitten
4 EL Sojasauce
2 EL Mirin (süßer Reiswein)
2 EL Sesamöl aus gerösteten Samen
2 TL frisch gemahlener schwarzer Pfeffer
2 TL fein gehackter Knoblauch
½ TL gemahlener Ingwer

1 EL dunkelbrauner Zucker
Asia-Chilisauce (nach Belieben)

1. Den Grill für indirekte mittlere Hitze (175–230 °C) vorbereiten.

2. Beide Kürbisse längs halbieren, Kerne und faseriges Innere entfernen und die Kürbishälften der Länge nach dritteln. Die Kürbisspalten mit der Schale nach unten in die Aluschale setzen und das Fruchtfleisch mit dem Erdnussöl bepinseln. Zucker, Salz und Cayennepfeffer in einer kleinen Schüssel mischen und das Kürbisfruchtfleisch damit bestreuen.

3. Die Aluschale mit den Kürbissen auf den Grillrost über indirekte Hitze stellen. Vorsichtig 500 ml Wasser angießen, ohne dabei die Zuckermischung von den Kürbissen abzuspülen. Die Kürbisspalten in der Schale über *indirekter*

mittlerer Hitze bei geschlossenem Deckel 1½–1¾ Std. grillen, bis das Fruchtfleisch weich ist. Machen Sie die Garprobe mit einem Holzspieß. Während der letzten ¾ Std. Grillzeit die Schale mit Alufolie abdecken, sollten die Kürbisse zu dunkel werden. Halten Sie die Grilltemperatur über die gesamte Zeit konstant zwischen 175 und 200 °C.

4. Inzwischen in einer großen Schüssel das Hackfleisch behutsam mit Frühlingszwiebeln, Sojasauce, Mirin, 1 EL Sesamöl, Pfeffer, Knoblauch und Ingwer vermengen (siehe S. 30, Step 1). Mit angefeuchteten Händen aus der Hackfleischmasse sechs möglichst gleich große, lockere, etwa 2 cm dicke Pattys formen. Dabei das Fleisch nicht zu stark zusammendrücken, sonst wird es beim Grillen hart (siehe S. 30, Step 2). Mit dem Daumen oder Rücken eines Teelöffels jeweils eine etwa 2½ cm breite flache Vertiefung in die Mitte der rohen Pattys drücken (siehe S. 30, Step 3). Dadurch wölben sie sich während des Grillens nicht und können gleichmäßig garen.

5. Die fertigen Kürbisse in der Aluschale in die Küche bringen und mit Alufolie abgedeckt warm halten. Die Grilltemperatur auf mittlere bis starke Hitze (200–260 °C) erhöhen. Den Grillrost mit der Bürste säubern.

6. In einer zweiten kleinen Schüssel 1 EL Sesamöl mit dem dunkelbraunen Zucker verrühren (die Mischung wird leicht körnig bleiben) und die Oberseite der Pattys damit bestreichen. Die Pattys mit der eingeölten Seite nach oben über *direkter mittlerer bis starker Hitze* bei geschlossenem Deckel 6–8 Min. grillen, bis sie halb durch (medium) sind. Einmal wenden, sobald sie sich leicht vom Rost lösen lassen (siehe S. 30, Step 4). Vom Grill nehmen und in die Küche bringen. Die Pattys nach Belieben mit etwas Chilisauce bestreichen, dann mit je 2 Kürbisspalten anrichten und warm servieren.

ZUM
EINHEIZEN

1. FLEISCHQUALITÄT

Klassische Burger werden idealerweise aus Rinderhackfleisch mit 20 % Fettanteil zubereitet, am besten ist frisch durchgedrehtes Fleisch aus der Schulter. Weiche, saftige Burger gelingen am besten, wenn das Fleisch in langen Strängen aus dem Fleischwolf kommt und die Hackfleischmasse zuerst behutsam mit den Würzzutaten vermengt wird, bevor Sie sie zu Pattys formen.

4. EINMAL WENDEN

Nach etwa 4–5 Min. haben die rohen Pattys auf der Unterseite eine karamellisierte Kruste entwickelt und kleben nicht mehr am Grillrost – das ist der richtige Zeitpunkt, sie zu wenden.

2. DIE RICHTIGE FORM

Portionieren Sie das gewürzte Hackfleisch in der Schüssel am besten vor, bevor Sie daraus möglichst gleich große Pattys formen. Die Hackfleischportionen erst zu lockeren Bällchen formen, dann mit der Handfläche zu etwa 2 cm dicken Pattys flach drücken und den Rand ringsum gegebenenfalls begradigen. Bei der Verarbeitung das Hackfleisch nicht zu kräftig zusammendrücken oder gar kneten, sonst werden die Pattys beim Grillen hart.

3. SCHÖN FLACH HALTEN

Hackfleisch zieht sich beim Garen zusammen, weshalb sich beim Grillen die Oberfläche der rohen Pattys wölbt. Auf keinen Fall die Wölbung mit dem Grillwender nach unten drücken, sonst treten Fleischsaft und Fett aus. Das Ergebnis wären trockene Pattys. Flache Pattys gelingen, wenn Sie vor dem Grillen mit dem Daumen oder Rücken eines Teelöffels eine flache, etwa 2 ½ cm breite Vertiefung in die Mitte der rohen Pattys drücken.

TIPP

Vor dem Grillen am besten die geformten rohen Pattys 1–4 Std. kühlen, damit sie fester werden. Zu weiche Pattys könnten bei der Zubereitung auf dem Grill auseinanderbrechen.

GEFÜLLTE BURGER
MIT BLAUSCHIMMELKÄSE UND WALNÜSSEN

Der Geschmack von Blauschimmelkäse reicht von mild bis pikant. Wer kräftigen Käse mag, sollte für die Burger etwa Roquefort oder reifen Gorgonzola verwenden, mild-würziger gelingen sie mit jungem Gorgonzola oder Cambozola.

FÜR 4 PERSONEN | ZUBEREITUNGSZEIT: ¼ STD. | GRILLZEIT: 8–10 MIN.

700 g Rinderhackfleisch aus der Schulter (Fettanteil 20 %)
60 g Walnusskerne, geröstet, fein gehackt
1½ EL Dijon-Senf, plus etwas mehr für die Brötchen
1 TL fein gehackter Knoblauch
1 TL naturreines grobes Meersalz
½ TL frisch gemahlener schwarzer Pfeffer
120 g Blauschimmelkäse, zerbröckelt
4 Tomatenscheiben
50 g zarte Rucolablätter
4 Burger-Brötchen, aufgeschnitten

1. Den Grill für direkte mittlere bis starke Hitze (200–260 °C) vorbereiten.

2. Das Hackfleisch behutsam mit den klein gehackten Walnüssen, Senf, Knoblauch, Salz und Pfeffer vermengen. Mit angefeuchteten Händen aus der Hackfleischmasse vier möglichst gleich große, lockere Bällchen formen. Mit dem Daumen oder Rücken eines Teelöffels jeweils eine tiefe Mulde in die Mitte der Bällchen drücken und in die Mulden je ¼ des Käses geben. Das Hackfleisch über dem Käse gut verschließen und die gefüllten Bällchen gleichmäßig auf etwa 2½ cm dicke Pattys flach drücken.

3. Die Pattys über *direkter mittlerer bis starker Hitze* bei geschlossenem Deckel 8–10 Min. grillen, bis sie halb durch (medium) sind, dabei einmal wenden, sobald sie sich leicht vom Rost lösen lassen. Während der letzten Grillminute die Brötchenhälften jeweils mit der Schnittfläche nach unten über direkter Hitze rösten. Pattys und Brötchen vom Grill nehmen. Die Schnittflächen der Brötchen dünn mit Senf bestreichen und zwischen den Brötchenhälften jeweils 1 Patty, 1 Tomatenscheibe und etwas Rucola anrichten. Warm servieren.

KRÄFTIG AROMATISCH

ORIENT-STEAKS IN PITABROTEN
MIT SALAT UND SESAM-ZITRONEN-DRESSING

Verzichten Sie im Salat nicht auf die Sesampaste Tahin, deren nussiger Geschmack das orientalisch gewürzte Steakfleisch am Ende erst so richtig abrundet. Sie bekommen Tahin im türkischen Supermarkt, im Asialaden oder Reformhaus.

FÜR 6 PERSONEN | ZUBEREITUNGSZEIT: 25 MIN. | GRILLZEIT: 6–7 MIN.

Für die Steaks
2 EL Olivenöl
2 TL fein gehackter Knoblauch
1 ½ TL Paprikapulver
1 ½ TL frisch gemahlener schwarzer Pfeffer
1 TL gemahlener Kardamom
1 TL naturreines grobes Meersalz
½ TL gemahlener Zimt
½ TL gemahlener Kreuzkümmel
½ TL geriebene Muskatnuss
¼ TL Cayennepfeffer
1 kg Skirt-Steak (Saumfleisch vom Rind; etwa 1½–2 cm
   dick), quer in 15–20 cm lange Streifen geschnitten

Für den Salat
3 EL Naturjoghurt
3 EL frisch gepresster Zitronensaft
2 EL Tahin (Sesampaste)
¼ TL gemahlener Kreuzkümmel
¼ TL naturreines grobes Meersalz
¼ TL frisch gemahlener schwarzer Pfeffer
1 Kopf Romanasalat, Blätter grob zerpflückt
2 mittelgroße Salatgurken, geschält, Kerne entfernt,
   fein gewürfelt

6 Pitabrote zum Füllen

1. Für die Steaks das Öl in einer kleinen Schüssel mit dem Knoblauch und den Gewürzen zu einer dicken Paste verrühren. Die Steakstreifen auf beiden Seiten damit einreiben und die Paste bei Raumtemperatur einziehen lassen, während Sie den Grill vorbereiten. Oder die Steaks abgedeckt bis zu 6 Std. kalt stellen. Vor dem Grillen die kalt gestellten Steaks 15–20 Min. Raumtemperatur annehmen lassen.

2. Den Grill für direkte starke Hitze (230–290 °C) vorbereiten.

3. Den Grillrost mit der Bürste säubern. Die Steaks über *direkter starker Hitze* bei geschlossenem Deckel bis zum gewünschten Gargrad grillen, 5–6 Min. für rosa/rot (medium rare), dabei einmal wenden. Auf einem Servierteller in der Küche bei Raumtemperatur 5–10 Min. nachziehen lassen. Die Hitze im Grill nicht absinken lassen.

4. Inzwischen den Salat zubereiten. In einer großen Schüssel den Joghurt mit Zitronensaft, Tahin, Kreuzkümmel, Salz und Pfeffer glatt rühren. Salatblätter und Gurkenwürfel mit dem Dressing vermischen.

5. Den Grillrost erneut mit der Bürste säubern. Die Pitabrote über *direkter starker Hitze* bei geschlossenem Deckel 1–2 Min. rösten, dabei ein- bis zweimal wenden, bis sie warm sind und auf beiden Seiten ein Grillmuster angenommen haben. Zu den gegrillten Steaks in die Küche bringen.

6. Die Steakstreifen quer zur Faser in etwa ½ cm dicke Scheiben schneiden. Steakfleisch und Salat in die Pitabrote füllen und servieren.

RIB-EYE-STEAKS
MIT GEWÜRZKRUSTE UND APFELSCHNITZEN

Die mit einem feinen Essighauch überzogenen Apfelscheiben sind mit ihrem süßsauren Geschmack eine sehr gelungene Ergänzung zu den Rindersteaks, die mit einer duftenden, wärmenden Würzmischung ummantelt sind. Machen Sie zu diesem Gericht eine Flasche fruchtbetonten Rotwein auf, etwa einen Blauen Portugieser oder Zweigelt.

FÜR 4 PERSONEN | ZUBEREITUNGSZEIT: 20 MIN. **| GRILLZEIT:** 13–15 MIN. **| RUHEZEIT:** 1 STD. **| ZUBEHÖR:** GROSSE GRILLFESTE PFANNE

Für die Würzmischung

1 EL dunkelbrauner Zucker
2 TL gemahlener Koriander
1½ TL Senfpulver
1½ TL gemahlener Ingwer
1½ TL naturreines grobes Meersalz
1 TL frisch gemahlener schwarzer Pfeffer
¾ TL Knoblauchpulver

4 Rib-Eye-Steaks am Knochen (je etwa 450 g schwer
   und 2–2 ½ cm dick)

Für die Äpfel

4 EL Butter (etwa 60 g), in kleine Stücke geschnitten
4 große säuerliche grüne Äpfel (je etwa 250 g), geschält,
   geviertelt, entkernt, in 1 cm dicke Spalten geschnitten
2 TL fein gehackter Thymian
½ TL naturreines grobes Meersalz
2 EL Apfelessig

1. Die Zutaten für die Würzmischung in einer kleinen Schüssel vermengen. Die Steaks damit auf beiden Seiten einreiben und bei Raumtemperatur 1 Std. ruhen lassen.

2. Den Grill für direkte starke Hitze (230–290 °C) vorbereiten.

3. Den Grillrost mit der Bürste säubern. Die Steaks über *direkter starker Hitze* bei geschlossenem Deckel bis zum gewünschten Gargrad grillen, 6–8 Min. für rosa/rot (medium rare,) dabei ein- bis zweimal wenden (bei Flammenbildung die Steaks vorübergehend in die indirekte Zone legen). Auf einem Servierteller in die Küche bringen und nachziehen lassen, während Sie die Äpfel zubereiten.

4. Die Butter in der großen grillfesten Pfanne auf dem Rost über *direkter starker Hitze* schmelzen lassen (oder bei starker Hitze auf dem Seitenkocher des Gasgrills). Die Apfelspalten in die Pfanne geben und unter gelegentlichem Rühren etwa 6 Min. braten, bis sie weicher und leicht karamellisiert sind. Thymian und Salz etwa 1 Min. unterrühren, bis der Thymian aromatisch duftet. Mit dem Essig ablöschen und den Bratensatz vom Pfannenboden losrühren. Die Apfelschnitze als warme Beilage zu den Steaks servieren.

RINDFLEISCHSPIESSE
MIT ZIMT, KREUZKÜMMEL UND PAPRIKA

In Gewürzen marinierte Rindfleischwürfel werden über starker Hitze auf dem Grill saftig gebraten und während der letzten Minuten mit einer Balsamico-Öl-Mischung bestrichen, die sich zusammen mit den Röstaromen des gegrillten Fleisches in eine reichhaltige, erlesene Glasur verwandelt. An kalten Wintertagen ein Hochgenuss!

**FÜR 8 PERSONEN | ZUBEREITUNGSZEIT: 20 MIN. | MARINIERZEIT: 1–6 STD. | GRILLZEIT: 7–8 MIN.
ZUBEHÖR: 8 LANGE METALLSPIESSE (25–30 CM)**

4 EL Olivenöl
2 EL Aceto balsamico
2 TL fein gehackter Knoblauch
½ TL frisch gemahlener schwarzer Pfeffer
2 EL Rotweinessig
1 EL edelsüßes Paprikapulver
1 TL gemahlener Zimt
1 TL gemahlener Kreuzkümmel
¾ TL naturreines grobes Meersalz
½ TL gemahlene Kurkuma
½ TL gemahlener Piment

1 kg ausgelöstes flaches Roastbeef (Sirloin),
  in 3–4 cm große Würfel geschnitten

1. In einer kleinen Schüssel 3 EL Olivenöl mit Balsamico-Essig, Knoblauch und Pfeffer verquirlen. Beiseitestellen.

2. In einer mittelgroßen Schüssel 1 EL Olivenöl mit dem Rotweinessig und den restlichen Gewürzen verrühren. Die Fleischwürfel in die Schüssel geben und mit der Würzmischung vermengen. Das Fleisch abgedeckt mind. 1 Std. oder bis zu 6 Std. im Kühlschrank marinieren. Vor dem Grillen 15–20 Min. Raumtemperatur annehmen lassen.

3. Den Grill für direkte starke Hitze (230–290 °C) vorbereiten.

4. Den Grillrost mit der Bürste säubern. Die Fleischwürfel zu gleichen Teilen auf die Spieße stecken und über *direkter starker Hitze* bei geschlossenem Deckel 5 Min. grillen, dabei gelegentlich wenden. Anschließend mit dem Balsamico-Öl bestreichen und bis zum gewünschten Gargrad weitergrillen, 2–3 Min. für rosa/rot (medium rare), dabei ein- bis zweimal wenden. Warm servieren.

SIRLOIN-STEAKS
MIT THYMIANKRUSTE UND RÖSTZWIEBELN

Beträufeln Sie am Ende die Zwiebeln unbedingt noch mit dem ausgetretenen Fleischsaft der Steaks, er verleiht den Zwiebeln geschmacklich das i-Tüpfelchen. Und als Beilage servieren Sie Ihr Lieblingskartoffelgericht.

FÜR 6 PERSONEN | ZUBEREITUNGSZEIT: 10 MIN. | **GRILLZEIT:** ETWA ½ STD. | **ZUBEHÖR:** GROSSE GUSSEISERNE PFANNE (30 CM Ø)

Für die Steaks

1 EL Olivenöl
2 TL Dijon-Senf
2 TL fein gehackter Thymian
1 TL naturreines grobes Meersalz
1 TL frisch gemahlener schwarzer Pfeffer
2 Sirloin-Steaks (aus dem flachen Roastbeef;
  je etwa 500 g schwer und 2 ½ cm dick)

Für die Zwiebeln

4 EL Olivenöl
700 g große Zwiebeln, längs halbiert, in 1 ¼ cm dicke
  Halbmonde geschnitten
2 TL fein gehackter Thymian
1 TL naturreines grobes Meersalz
½ TL frisch gemahlener schwarzer Pfeffer

Thymianzweige zum Garnieren

1. Den Grill für direkte mittlere Hitze (175–230 °C) vorbereiten.

2. Für die Steaks in einer kleinen Schüssel das Olivenöl mit Senf, Thymian, Salz und Pfeffer verrühren. Die Steaks auf beiden Seiten mit der Thymianmischung einreiben und vor dem Grillen 20–30 Min. Raumtemperatur annehmen lassen.

3. Für die Zwiebeln 4 EL Olivenöl in die Gusseisenpfanne gießen und das Öl in der Pfanne über direkter mittlerer Hitze bei geschlossenem Deckel in etwa 5 Min. sehr heiß werden lassen, ohne dass es brutzelt. Zwiebeln, Thymian, Salz und Pfeffer in die Pfanne geben und über *direkter mittlerer Hitze* bei geschlossenem Deckel 20–25 Min. grillen, bis die Zwiebeln weich und karamellisiert sind, dabei alle 5 Min. umrühren. Die Pfanne mit Grillhandschuhen vom Rost nehmen, in die Küche bringen und mit Alufolie abdecken, um die Zwiebeln warm zu halten.

4. Den Grill für direkte starke Hitze vorbereiten (230–290 °C).

5. Den Grillrost mit der Bürste säubern. Die Steaks über *direkte starke Hitze* legen und bei geschlossenem Deckel bis zum gewünschten Gargrad grillen, 6–8 Min. für rosa/rot (medium rare), dabei ein- bis zweimal wenden. Vom Grill nehmen und auf einem Tranchierbrett mit Saftrinne 3–5 Min. in der Küche nachziehen lassen. Die Zwiebeln auf einen Servierteller geben. Die Steaks quer zur Faser in dünne Scheiben schneiden, den ausgetretenen Fleischsaft über die Zwiebeln träufeln und die Steakscheiben auf dem Zwiebelbett anrichten. Mit Thymianzweigen garnieren und warm servieren.

MARINIERTE KALBSKOTELETTS
MIT KRÄUTERKRUSTE

Die zarten Kalbskoteletts können auf dem Grill beziehungsweise bei großer Hitze schnell austrocknen. Davor schützt sie die Marsala-Marinade und das exakte Einhalten des Gargrads des Fleisches, der bei medium liegen sollte.

FÜR 4 PERSONEN | **ZUBEREITUNGSZEIT:** 20 MIN. | **MARINIERZEIT:** 2–3 STD. | **GRILLZEIT:** 8–10 MIN.
ZUBEHÖR: DIGITALES FLEISCHTHERMOMETER

Für die Marinade
250 ml trockener Marsala
3 EL körniger Senf
2 EL Olivenöl
1 EL fein gehackter Rosmarin
1 Knoblauchzehe, fein gehackt
1 TL naturreines grobes Meersalz
¼ TL frisch gemahlener schwarzer Pfeffer

4 Kalbskoteletts (je etwa 300–350 g schwer
   und 2 cm dick)
Olivenöl

Für die Kruste
4 EL fein gehackte Kräuter (eine beliebige
   Mischung aus Petersilie, Rosmarin, Thymian,
   Salbei und Dill)
2 EL körniger Senf
1 EL frisch gepresster Zitronensaft
2 TL fein gehackter Knoblauch
1 TL fein abgeriebene Schale von 1 Bio-Zitrone
1 TL naturreines grobes Meersalz
½ TL frisch gemahlener schwarzer Pfeffer

KRÄUTER-WÜRZIG

1. In einer kleinen Schüssel die Zutaten für die Marinade verrühren. Die Kalbskoteletts in einen großen, wiederverschließbaren Gefrierbeutel geben und die Marinade dazugießen. Die Luft aus dem Beutel streichen, den Beutel verschließen und mehrmals wenden, damit sich die Marinade gut verteilt. In einer Schüssel 2–3 Std. kalt stellen, dabei ab und zu wenden. Das Fleisch aus der Marinade nehmen, abtropfen lassen und bei Raumtemperatur beiseitestellen, während Sie den Grill vorbereiten. Die Marinade weggießen.

2. Den Grill für direkte starke Hitze (230–290 °C) vorbereiten.

3. Die Koteletts auf beiden Seiten dünn mit Öl bepinseln. In einer zweiten kleinen Schüssel die Kräuter mit dem Senf und den übrigen Zutaten mischen und die Koteletts auf beiden Seiten damit bestreichen.

4. Den Grillrost mit der Bürste säubern. Die Koteletts über *direkter starker Hitze* bei geschlossenem Grilldeckel 8 bis 10 Min. grillen, bis sie im Kern noch rosa (medium) sind und eine Kerntemperatur von 57 °C haben (den Messfühler des Thermometers seitlich in die Koteletts stechen ohne den Knochen zu berühren). Während des Grillens ein- bis zweimal wenden. Vom Grill nehmen und 3–5 Min. bei Raumtemperatur ruhen lassen. Warm servieren.

ORIENTALISCHE LAMMSPIESSE
AUF PETERSILIEN-BULGUR

Bohnenkraut, das mit Oregano und Thymian verwandt ist, passt zu weit mehr als nur zu Bohnen. Sein leicht pfeffriger, ein wenig an Minze erinnernder Geschmack würzt auch Lammfleisch perfekt.

FÜR 4 PERSONEN | ZUBEREITUNGSZEIT: 10 MIN. | GARZEIT: ¼ STD. | GRILLZEIT: 6–8 MIN.
ZUBEHÖR: 4 LANGE METALL- ODER HOLZSPIESSE (HOLZSPIESSE MIND. ½ STD. GEWÄSSERT)

Für die Würzmischung
1 TL getrockneter Oregano
1 TL getrocknetes Bohnenkraut
1 TL getrockneter Thymian
1 TL helle Sesamsamen
1 TL naturreines grobes Meersalz
½ TL frisch gemahlener schwarzer Pfeffer
1 Msp. rote Chiliflocken

1 kg Lammfleisch (aus der Keule), überschüssiges Fett
  entfernt, in 4 cm große Würfel geschnitten
2 kleine Zwiebeln, geschält, geviertelt, die äußeren
  Zwiebelschichten in doppelten Lagen getrennt,
  die inneren Schichten anderweitig verwenden
Olivenöl

ORIENTALISCH GEWÜRZT

500 ml Hühnerbrühe
150 g mittelfeiner Bulgur
¾ TL naturreines grobes Meersalz
2 EL fein gehackte Petersilie
4 Zitronenspalten

1. Den Grill für direkte starke Hitze (230–290 °C) vorbereiten.

2. In einer mittelgroßen Schüssel die Zutaten für die Würzmischung vermengen.

3. Lammfleisch und Zwiebeln von allen Seiten dünn mit Öl bepinseln. Die Fleischwürfel in der mittelgroßen Schüssel gleichmäßig mit den Gewürzen vermischen. Fleischwürfel und Zwiebeln abwechselnd auf die Spieße stecken und das Fleisch vor dem Grillen 15–30 Min. Raumtemperatur annehmen lassen.

4. Die Brühe in einen kleinen Topf gießen, Bulgur und Salz einrühren und auf mittlerer Stufe aufkochen. Die Hitze reduzieren, einen Deckel auflegen und den Bulgur auf mittlerer bis kleiner Stufe 12–15 Min. köcheln lassen, bis er weich ist und die gesamte Brühe aufgenommen hat. Den Topf vom Herd nehmen und den Bulgur 5–10 Min. ausquellen lassen.

5. Den Grillrost mit der Bürste säubern. Die Spieße über *direkter starker Hitze* bei geschlossenem Deckel grillen, bis die Zwiebeln gebräunt und knackig zart sind und das Fleisch den gewünschten Gargrad erreicht hat, 6–8 Min. für rosa/rot (medium rare). Die Spieße während des Grillens gelegentlich wenden. Vom Grill nehmen.

6. Den Bulgur auf einer Servierplatte anrichten, mit der Petersilie bestreuen, darauf die Lammspieße und Zitronenspalten legen und heiß servieren.

LAMM IM STEINPILZMANTEL
MIT PORTWEINSAUCE

Für die Würzmischung sollten Sie die Steinpilze und den Rosmarin so fein wie möglich mahlen, damit sie gut am Fleisch haften bleiben. Für die Sauce reicht ein preiswerter Portwein, die gute Flasche machen Sie dann bei Tisch auf.

FÜR 2–4 PERSONEN | ZUBEREITUNGSZEIT: 20 MIN., PLUS ETWA 20 MIN. FÜR DIE SAUCE | GRILLZEIT: 4–6 MIN.

700 g Lammlachs,
  Silberhaut entfernt
Olivenöl
naturreines grobes Meersalz
frisch gemahlener schwarzer Pfeffer
15 g getrocknete Steinpilze
1 EL fein gehackter Rosmarin
½ TL Knoblauchpulver

Für die Sauce
15 g getrocknete Steinpilze
3 EL Butter, davon 2 EL kalt gestellt
1 große Schalotte, fein gewürfelt
2 Knoblauchzehen, fein gehackt
375 ml Portwein
125 ml Hühnerbrühe
½ TL naturreines grobes Meersalz
¼ TL frisch gemahlener schwarzer Pfeffer
1 Zweig (5 cm) Rosmarin

1. Das Lammfleisch rundum dünn mit Öl bestreichen, salzen und pfeffern. Die Steinpilze zusammen mit Rosmarin und Knoblauchpulver in einer Gewürzmühle oder im Mörser ganz fein mahlen und das Fleisch von allen Seiten gleichmäßig damit würzen. In den Kühlschrank geben, während Sie die Sauce zubereiten.

2. Die Steinpilze für die Sauce in einer kleinen Schüssel in 250 ml heißem Wasser etwa ¼ Std. einweichen, bis sie weich sind. Die Pilze durch ein mit Küchenpapier ausgelegtes feines Sieb in eine zweite kleine Schüssel abgießen, das Pilzwasser beiseitestellen. Die Pilze gut ausdrücken und klein schneiden. In einem mittelgroßen Topf 1 EL Butter auf mittlerer Stufe zerlassen. Schalottenwürfel mit Knoblauch und Pilzen darin etwa 2 Min. unter gelegentlichem Rühren glasig dünsten. Mit Portwein, Brühe und der Hälfte des Pilzwassers aufgießen, salzen, pfeffern und den Rosmarinzweig einlegen. Auf hoher Stufe zum Kochen bringen,

anschließend die Hitze auf mittelstark reduzieren und die Sauce im offenen Topf 14–18 Min. auf die Hälfte einkochen lassen. Durch ein feines Sieb in einen kleinen Topf gießen und dabei die festen Bestandteile im Sieb kräftig ausdrücken.

3. Das Lammfleisch Raumtemperatur annehmen lassen, während Sie den Grill für direkte starke Hitze (230–290 °C) vorbereiten.

4. Den Grillrost mit der Bürste säubern. Das Fleisch über *direkter starker Hitze* bei geschlossenem Deckel bis zum gewünschten Gargrad grillen, 4–6 Min. für rosa/rot (medium rare), dabei einmal wenden. In die Küche bringen und auf einem Tranchierbrett 3–5 Min. nachziehen lassen. In der Zwischenzeit die Sauce aufwärmen und esslöffelweise die kalte Butter unterschlagen. Das Lammfleisch aufschneiden und warm mit der Sauce servieren.

REHRÜCKENFILETS
AUS DEM MAGHREB MIT APRIKOSEN-SALSA

Die Würzmischung für die Rehrückenfilets ist eine Anlehnung an die Gewürzmischungen, wie man sie in den Tajine-Gerichten Nordafrikas vorfindet. Ihre ein wenig dunklen, erdigen Noten passen ganz wunderbar zu dem hocharomatischen Rehfleisch. Die fruchtige Salsa aus getrockneten Aprikosen ist dazu das pikant-scharfe Gegenstück, mit der das ohnehin köstliche Rehfleisch geschmacklich eine überraschende Verfeinerung erhält. Entfernen Sie vor dem Grillen unbedingt die milchige Silberhaut der Rehfilets, andernfalls wird das Fleisch nicht zart. Am einfachsten ist das, wenn Sie Ihren fachkundigen Metzger darum bitten.

FÜR 4 PERSONEN | ZUBEREITUNGSZEIT: 25 MIN. | MARINIERZEIT: 4 STD. | GRILLZEIT: ETWA 7 MIN.

Für die Würzmischung
2 TL gemahlener Koriander
2 TL gemahlener Kreuzkümmel
2 TL gemahlener Ingwer
2 TL dunkelbrauner Zucker
1 TL frisch gemahlener schwarzer Pfeffer
½ TL gemahlener Zimt
½ TL naturreines grobes Meersalz

4 Rehrückenfilets (je etwa 180 g),
   Silberhaut entfernt
2 EL Olivenöl

Für die Salsa
1 EL Sherryessig
1 Msp. Safranfäden, zerrieben
1 Msp. naturreines grobes Meersalz
100 g getrocknete Aprikosen, fein gehackt
1 mittelgroße rote Paprikaschote, in feine Würfel
   geschnitten
2 EL fein gewürfelte rote Zwiebeln
2 EL fein gehackte ungesalzene Pistazienkerne
1 EL ohne Samen fein gehackte Jalapeño-Chilischote
1 TL fein gehackter Ingwer

1. In einer kleinen Schüssel die Zutaten für die Würzmischung vermengen.

2. Die Rehrückenfilets rundum mit je ½ EL Öl einpinseln und mit je ¼ Würzmischung einreiben. Im Kühlschrank abgedeckt 4 Std. marinieren.

3. Für die Salsa in einer mittelgroßen Schüssel den Essig mit dem zerriebenen Safran und dem Salz verrühren. 10 Min. stehen lassen, bis der Safran weich ist. Aprikosen, Paprika- und Zwiebelwürfel, Pistazien, Chili und Ingwer in die Schüssel geben und alles gut vermischen.

4. Die Rehrückenfilets aus dem Kühlschrank nehmen und Raumtemperatur annehmen lassen, während Sie den Grill für direkte starke Hitze (230–290 °C) vorbereiten.

5. Den Grillrost mit der Bürste säubern. Die Filets über *direkter starker Hitze* bei geschlossenem Deckel bis zum gewünschten Gargrad grillen, etwa 7 Min. für rot (rare), dabei einmal wenden. Die Filets in die Küche bringen und auf einem Tranchierbrett 3–5 Min. nachziehen lassen. Anschließend in 1 ¼ cm dicke Scheiben schneiden und mit der Aprikosen-Salsa servieren.

AROMA-
FEUER-
WERK

GERÄUCHERTER SEEBARSCH
MIT ZITRUSFRISCHEM KAPERN-DILL-SCHMAND

Achten Sie beim Einkauf ganzer Fische auf klare, glänzende Augen, hellrote Kiemen und glatte, unbeschädigte Schuppen. Und vertrauen Sie ganz besonders auf Ihre Nase: Frischer Fisch riecht angenehm nach Meer und auf keinen Fall »fischig«. Hat Ihr Fischhändler gerade keinen Seebarsch im Angebot, können Sie auch etwa gleich große Fische wie Wolfsbarsch, Felsenbarsch, Red Snapper oder Dorade verwenden.

FÜR 2–4 PERSONEN | ZUBEREITUNGSZEIT: 20 MIN., PLUS ½ STD. ZUM WÄSSERN DER HOLZ-CHIPS | GRILLZEIT: 15–20 MIN.
ZUBEHÖR: KÜCHENGARN, 1 HANDVOLL ERLENHOLZ-, APFELHOLZ- ODER KIRSCHHOLZ-CHIPS

Für den Schmand

120 g Schmand
1 EL fein gehackte Dillspitzen
1 EL abgetropfte Kapern, fein gehackt
1 TL fein abgeriebene Schale von 1 Bio-Zitrone
1 TL frisch gepresster Zitronensaft
¼ TL naturreines grobes Meersalz

2 ganze Seebarsche (je etwa 500–650 g), küchenfertig vorbereitet, geschuppt, entgrätet, Flossen entfernt
Olivenöl
naturreines grobes Meersalz
frisch gemahlener schwarzer Pfeffer
1 mittelgroße Bio-Orange, ungeschält in 8 dünne Scheiben geschnitten
4 Dillstängel
4 Zweige Thymian
4–8 Scheiben rustikales Weißbrot

1. Die Holz-Chips mind. ½ Std. in Wasser einweichen.

2. In einer kleinen Schüssel die Zutaten für den Schmand mischen. Bis zum Servieren abgedeckt kalt stellen.

3. Die Fische außen auf beiden Seiten im Abstand von 2 ½ cm etwa viermal schräg 1 cm tief einschneiden. Die Fische anschließend innen und außen dünn mit Olivenöl einpinseln. ¾ TL Salz und ¼ TL Pfeffer mischen und die Fische damit würzen. In die Bauchhöhle der Fische je 4 Orangenscheiben (gegebenenfalls halbieren, damit sie hineinpassen), 2 Dillstängel und 2 Thymianzweige legen. Fische an drei bis vier Stellen quer mit Küchengarn zusammenbinden. Die Fische in den Kühlschrank geben, während Sie den Grill vorbereiten.

4. Den Grill für direkte mittlere Hitze (175–230 °C) vorbereiten.

5. Den Grillrost mit der Bürste säubern. Die Holz-Chips abtropfen lassen und direkt auf die Glut oder nach Herstelleranweisung in die Räucherbox des Gasgrills geben. Den Grilldeckel schließen. Sobald die Chips zu rauchen beginnen, die Fische über *direkter mittlerer Hitze* bei geschlossenem Deckel 15–20 Min. grillen, bis das Fleisch nahe der Mittelgräte nicht mehr glasig, aber noch saftig ist, dabei mit einem Fischwender vorsichtig einmal wenden.

6. Inzwischen die Brotscheiben dünn mit Öl bepinseln und während der letzten Grillminute über direkter Hitze von beiden Seiten rösten. Fische und Brote vom Grill nehmen. Die Fische in der Küche filetieren und warm mit dem Schmand und den gerösteten Broten servieren.

FEINE
KAPERN-
NOTE

LACHSFILETS
MIT HONIG-SENF-GLASUR UND DILLSAUCE

Grillen Sie die Lachsfilets zunächst mit der Hautseite nach oben, damit das Fischfleisch die Grillaromen aufnehmen kann, bevor es gewendet und mit Glasur bestrichen wird.

FÜR 4 PERSONEN | ZUBEREITUNGSZEIT: 10 MIN. | GRILLZEIT: 8–12 MIN.

Für die Sauce
100 g griechischer Vollmilchjoghurt
2 EL Dijon-Senf
2 EL fein gehackte Dillspitzen
1 EL frisch gepresster Zitronensaft
1 EL Olivenöl
¼ TL naturreines grobes Meersalz

Für die Glasur
2 EL Dijon-Senf
2 EL Honig
2 EL Olivenöl
1 ½ EL Sojasauce

4 Lachsfilets mit Haut (je 180–250 g schwer
  und etwa 2 ½ cm dick), entgrätet
Olivenöl
naturreines grobes Meersalz
frisch gemahlener schwarzer Pfeffer

1. In einer kleinen Schüssel den Joghurt mit den restlichen Zutaten für die Sauce verrühren und die Sauce bei Raumtemperatur ½ Std. durchziehen lassen.

2. In einer zweiten kleinen Schüssel die Zutaten für die Glasur glatt rühren.

3. Den Grill für direkte starke Hitze (230–290 °C) vorbereiten.

4. Den Grillrost mit der Bürste säubern. Die Fleischseite der Lachsfilets großzügig mit Olivenöl einpinseln und gleichmäßig mit Salz und Pfeffer würzen. Die Filets zunächst mit der Hautseite nach oben über *direkte starke Hitze* legen und bei geschlossenem Deckel 6–8 Min. grillen, bis sie sich vom Rost lösen lassen, ohne haften zu bleiben. Die Lachsfilets wenden, mit Glasur bestreichen und bis zum gewünschten Gargrad weitergrillen, 2–4 Min. für halb gar (medium rare). In dieser Zeit die Lachsfilets noch ein- bis zweimal mit Glasur bestreichen.

5. Einen Grillwender zwischen Haut und Fischfleisch schieben, die Filets von der Haut abheben und auf einen Servierteller anrichten. Warm mit der Dillsauce servieren.

GARNELEN-AVOCADO-WRAPS
MIT CHINAKOHLSALAT UND CHILICREME

Leicht, gesund und vollgepackt mit zitruswürzigen Aromen sind diese Wraps, denen die Chilicreme eine leicht rauchige Note und einen angenehmen Schärfekick verleiht. Entscheiden Sie selbst, wie viel Sie davon vertragen.

FÜR 4 PERSONEN | ZUBEREITUNGSZEIT: ½ STD. | GRILLZEIT: 2–4 MIN.

Für den Salat

200 g Chinakohlblätter, in Streifen geschnitten
1 mittelgroße Möhre, geraspelt
1 kleine rote Paprikaschote, in feine Streifen geschnitten
3 Frühlingszwiebeln, schräg in feine Scheiben
  geschnitten
25 g Koriandergrün, Blätter grob gehackt
2 EL Olivenöl
2 EL frisch gepresster Limettensaft
1 Knoblauchzehe, fein gehackt
¾ TL gemahlener Kreuzkümmel
¾ TL Zucker
½ TL scharfe rote Chilisauce (z. B. Tabasco)
¼ TL naturreines grobes Meersalz
¼ TL frisch gemahlener schwarzer Pfeffer

Für die Chilicreme

300 g Schmand
2–3 Chipotle-Chilischoten in Adobo-Sauce (eingelegte
  TexMex-Chilischoten aus der Dose), fein gehackt
2 EL frisch gepresster Limettensaft
1 TL naturreines grobes Meersalz
¼ TL frisch gemahlener schwarzer Pfeffer

2 EL Olivenöl
1 EL frisch gepresster Limettensaft
½ TL Kreuzkümmel
½ TL naturreines grobes Meersalz
½ TL frisch gemahlener schwarzer Pfeffer
24 große Garnelen (Größe 21/30), geschält,
  Darm und Schwanzsegement entfernt

8 Weizentortillas (20 cm Ø)
2 reife, aber feste Avocados, das Fruchtfleisch in
  etwa ½ cm dicke Scheiben geschnitten

1. In einer großen Schüssel die Zutaten für den Salat mischen. Bei Raumtemperatur ½ Std. durchziehen lassen. Inzwischen in einer kleinen Schüssel die Zutaten für die Chilicreme verrühren. In einer zweiten großen Schüssel das Olivenöl mit Limettensaft und Gewürzen verquirlen und die Garnelen behutsam darin wenden, bis sie gleichmäßig mit dem Würzöl überzogen sind. Beiseitestellen.

2. Den Grill für direkte und indirekte starke Hitze (230–290 °C) vorbereiten.

3. Den Grillrost mit der Bürste säubern. Garnelen aus dem Öl nehmen (das Öl weggießen) und über *direkter starker Hitze* bei geschlossenem Deckel 2–4 Min. grillen, bis sie sich außen fest anfühlen, etwas gebräunt und innen gerade nicht mehr glasig sind; ein- bis zweimal wenden. Während der letzten Minute die Tortillas von beiden Seiten über indirekter Hitze erwärmen. Alles vom Grill nehmen.

4. Die Tortillas mit Chilicreme bestreichen, darauf Avocadoscheiben, je 3 Garnelen und Salat geben, aufrollen und warm servieren. Dazu den übrigen Salat reichen.

LACHS-GARNELEN-BURGER
MIT AVOCADO

Das Garnelenfleisch in der Lachsmasse bewirkt, dass sie auch ohne Ei bindet. Die Lachspattys müssen jedoch wegen der Garnelen dann vollständig durchgegart werden, bleiben aber trotzdem – wegen der Garnelen – schön saftig und aromatisch. Mit den Salatblättern und Avocadospalten bringen Sie in den dunklen Wintertagen frische Farben ins Spiel.

FÜR 6 PERSONEN | ZUBEREITUNGSZEIT: 20 MIN. | KÜHLZEIT: 2–6 STD. | GRILLZEIT: 6–8 MIN. | ZUBEHÖR: GROSSE GELOCHTE GRILLPFANNE

1 kg Lachsfilet ohne Haut, entgrätet,
    in 2 ½ cm große Stücke geschnitten
120 g große Garnelen (Größe 21/30), geschält,
    Darm entfernt, grob gehackt
2 EL fein gehackter Estragon
2 EL Dijon-Senf
¾ TL naturreines grobes Meersalz
½ TL frisch gemahlener schwarzer Pfeffer
Olivenöl aus der Sprühflasche
6 Burger-Brötchen, aufgeschnitten
6 EL Honig-Senf

3 Handvoll gemischte zarte Salatblätter
2 TL Olivenöl
1 Msp. naturreines grobes Meersalz
1 große Avocado, das Fruchtfleisch in Spalten
    geschnitten

1. In die Küchenmaschine das Hackmesser einsetzen. Lachsstücke und Garnelen mit Estragon, Dijon-Senf, Salz und Pfeffer in der Küchenmaschine zunächst grob hacken, dann die Zutaten mit dem Impulsschalter noch acht- bis zehnmal jeweils 1 Sek. durchhacken. Die Lachsmischung (Sie sollten vier dicht gepackte Tassen mit jeweils 250 ml Inhalt erhalten) in eine mittelgroße Schüssel geben. Mit angefeuchteten Händen aus der Lachsmischung sechs Pattys mit einem Durchmesser von 7 ½ cm formen (entspricht pro Patty etwa zwei Drittel einer Tasse). Die Pattys abgedeckt 2–6 Std. in den Kühlschrank stellen.

2. Den Grill für direkte mittlere Hitze (175–230 °C) vorbereiten. Die große gelochte Grillpfanne über direkter Hitze 10 Min. vorheizen.

3. Die Lachspattys auf beiden Seiten großzügig mit Olivenöl einsprühen. Gehen Sie dabei behutsam vor, denn die Pattys sind sehr feucht und können leicht zerfallen. Die Pattys mit einem breiten Grillwender nebeneinander in die Grillpfanne setzen und über *direkter mittlerer Hitze* bei geschlossenem Deckel 6–8 Min. grillen, bis sie durchgegart sind, dabei einmal wenden. Während der letzten Grillminute die Brötchenhälften mit den Schnittflächen nach unten über direkter Hitze rösten. Pattys und Brötchen auf eine Servierplatte geben. Die Schnittflächen der Brötchen jeweils mit 1 ½ TL Honig-Senf bestreichen und auf die Brötchenunterseiten jeweils 1 Patty legen.

4. In einer zweiten mittelgroßen Schüssel die Salatblätter mit Olivenöl und Salz anmachen. Auf jedem Patty etwas Salat anrichten, darauf Avocadospalten geben, mit der Brötchenoberseite abdecken und die Lachs-Garnelen-Burger sofort servieren.

THUNFISCH-TACOS
MIT CHILIMAYONNAISE

Auch im Winter schmeckt fangfrischer Thunfisch wunderbar, vor allem dann, wenn ihm die richtigen Begleiter zur Seite stehen. Mexiko lässt mit knusprigen Taco-Shells und einer chiliwürzigen Mayonnaise grüßen, ein fein angemachter Krautsalat und belebende Korianderblätter kommen on top. Und ganz nebenbei füllen Sie auch noch Ihren Vitamin-D-Speicher auf.

FÜR 4 PERSONEN | ZUBEREITUNGSZEIT: 25 MIN. | GRILLZEIT: 4–6 MIN.

Für den Krautsalat
350 g Weißkohlblätter, in feine Streifen geschnitten
2 EL Apfelessig
2 TL Zucker
½ TL naturreines grobes Meersalz

Für die Mayonnaise
5 EL Mayonnaise
1 EL frisch gepresster Zitronensaft
1 TL fein gehackte Chipotle-Chilischote in Adobo-Sauce
   (eingelegte TexMex-Chilischote aus der Dose)
½ TL Adobo-Sauce aus der Dose

Für den Thunfisch
3 EL Olivenöl
1 TL getrockneter Oregano
1 TL süßes geräuchertes Paprikapulver
   (Pimentón dulce)
½ TL naturreines grobes Meersalz
¼ TL Cayennepfeffer
2 Thunfischsteaks in Sushi-Qualität
   (je etwa 350 g schwer und 2½–3 cm dick)

8 Taco-Shells
2 große reife Eiertomaten, fein gewürfelt
4 EL Korianderblätter

1. In einer mittelgroßen Schüssel die Weißkohlstreifen mit Essig, Zucker und Salz anmachen und bei Raumtemperatur durchziehen lassen.

2. In einer kleinen Schüssel die Mayonnaise mit Zitronensaft, Chili und Adobo-Sauce verrühren. Beiseitestellen.

3. Für den Thunfisch in einer zweiten kleinen Schüssel das Olivenöl mit Oregano, Paprikapulver, Salz und Cayennepfeffer verquirlen. Die Thunfischsteaks auf beiden Seiten mit dem Würzöl einreiben. Bei Raumtemperatur einziehen lassen, während Sie den Grill vorbereiten.

4. Den Grill für direkte starke Hitze (230–290 °C) vorbereiten.

5. Den Grillrost mit der Bürste säubern. Den Thunfisch über *direkter starker Hitze* bei geöffnetem Deckel 4–6 Min. grillen, bis die Fischsteaks außen gebräunt, im Kern aber noch halb gar und rosa bis roh sind, dabei einmal wenden. Vom Grill nehmen, in die Küche bringen und auf einem Schneidbrett ruhen lassen. Inzwischen die Tacos über direkter Hitze 1 Min. rösten, dabei ein- bis zweimal wenden.

6. Die Thunfischsteaks jeweils in acht Scheiben schneiden. Die Taco-Shells mit je 2 Scheiben Thunfisch, Krautsalat, Tomatenwürfeln und je ½ EL Korianderblätter füllen. Jeweils 2 gehäufte TL Chilimayonnaise daraufklecksen und die Tacos warm servieren. Den übrigen Salat separat zu den Tacos reichen.

SUPPEN & EINTÖPFE

MINUSGRADE UND KLIRRENDE KÄLTE? JETZT SOLLTEN SIE DEN
GRILL ERST RECHT ANHEIZEN UND FREUNDE UND FAMILIE MIT
ALL DEN KÖSTLICHEN, WÄRMENDEN SUPPEN UND EINTÖPFEN AN
DUNKLEN WINTERTAGEN GLÜCKLICH MACHEN. GELINGT GARANTIERT!

KARTOFFELSUPPE
MIT GEGRILLTEM LAUCH UND PAPRIKA

Für die Kartoffelsuppe sollten Sie mehligkochende Kartoffeln verwenden, denn ihr hoher Stärkeanteil verleiht der pürierten Suppe eine samtig weiche Textur. Pürieren Sie die Suppe aber nicht zu fein, andernfalls kann sie pastenartig werden. Am besten verwenden Sie einen Stabmixer, mit dem Sie am leichtesten die gewünschte Konsistenz der Suppe erzielen können.

FÜR 4–6 PERSONEN (ERGIBT 2 L) | **ZUBEREITUNGSZEIT:** ½ STD. | **GRILLZEIT:** ETWA ¼ STD. | **GARZEIT:** 42–52 MIN.
ZUBEHÖR: STABMIXER ODER MIXER

700 g mittelgroße Stangen Lauch, nur die weißen und hellgrünen Abschnitte verwenden und das Wurzelende nicht abschneiden
1 große rote Paprikaschote
1 EL Olivenöl
120 g durchwachsener Räucherspeck, fein gewürfelt
1 ¼ kg mehligkochende Kartoffeln, geschält, in 2 cm große Stücke geschnitten
1 ¼ l Hühnerbrühe
125 g Sahne
3 EL Schnittlauchröllchen
1–2 EL frisch gepresster Zitronensaft
naturreines grobes Meersalz
scharfe Chilisauce (z. B. Tabasco)

1. Den Grill für direkte mittlere Hitze (175–230 °C) vorbereiten.

2. Den Grillrost mit der Bürste säubern. Die Lauchstangen auf der Ober- und Unterseite der Länge nach einschneiden. Anschließend die Stangen unter fließendem kaltem Wasser auf jeder Seite auffächern, sodass Sie aus allen Schichten Schmutz und Erde abbrausen können. Die gewaschenen Lauchstangen mit Küchenpapier trockentupfen. Lauch und Paprika rundum mit dem Öl einpinseln. Die Lauchstangen im Ganzen über *direkter mittlerer Hitze* bei geschlossenem Deckel 5–6 Min. grillen, bis sie leicht gebräunt und etwas weicher sind, dabei einmal wenden. Parallel dazu die Paprikaschote über *direkter mittlerer Hitze* bei geschlossenem Deckel etwa ¼ Std. grillen und gelegentlich wenden, bis die Haut der Schote rundum angekohlt ist und Blasen wirft. Lauchstangen vom Grill nehmen. Auf einem Schneidbrett

das Wurzelende der Stangen abschneiden und wegwerfen, anschließend die Stangen in feine Scheiben schneiden. Die gegrillte Paprikaschote in einer mit Frischhaltefolie abgedeckten Schüssel 10 Min. ausdampfen lassen. Die verkohlte Haut der Schote abziehen und wegwerfen, die Schote längs vierteln und von Stielansatz, Samen und Trennwänden befreien. Die Paprikaviertel in feine Würfel schneiden.

3. In einem großen Topf die Speckwürfel auf mittlerer Stufe in 12–14 Min. knusprig ausbraten. Mit einem Schaumlöffel aus dem Topf heben und auf einem mit Küchenpapier ausgelegten Teller entfetten. Das Fett im Topf bis auf 2 EL abgießen, den Topf zurück auf mittlere Stufe stellen. Den fein geschnittenen Lauch in etwa 10 Min. darin sehr weich dünsten; ab und zu umrühren. Die Kartoffelstücke hinzufügen und etwa 5 Min. mitgaren, dann die Brühe zugießen und alles auf mittlerer bis hoher Stufe zum Kochen bringen. Die Temperatur auf mittlere bis kleine Stufe herunterschalten und die Suppe im verschlossenen Topf 15–25 Min. köcheln lassen, bis die Kartoffeln weich sind.

4. Mit einem Schaumlöffel etwa 2 Handvoll Kartoffelstücke aus der Suppe nehmen und in einer Schüssel beiseitestellen. Die restliche Suppe (gegebenenfalls portionsweise) nicht zu fein pürieren. Zurück in den Topf gießen und die beiseitegestellten Kartoffelstücke sowie die Sahne unterrühren. Auf mittlerer Stufe 4–5 Min. köcheln lassen. Den Topf vom Herd nehmen, die Schnittlauchröllchen einrühren, dann die Suppe mit Zitronensaft, Salz und Chilisauce abschmecken. Die Kartoffelsuppe in tiefe Teller oder Schalen schöpfen, mit den Paprika- und Speckwürfeln garnieren und heiß servieren.

CREMIGE
GLÜCK-
SELIGKEIT

KÜRBISEINTOPF
MIT GEGRILLTER PAPRIKA UND ZWIEBELN

Der natürliche Zucker der Paprikaschoten und Zwiebeln karamellisiert beim Grillen und intensiviert so den Geschmack dieses einfachen, aber reichhaltigen vegetarischen Kürbisgerichts. Es eignet sich perfekt für ein herbstlich-winterliches Abendessen. Das Rösten der Gewürze in Öl macht sie um ein Vielfaches aromatischer; sie setzen damit – kulinarisch gesehen – den Kontrapunkt zur Kälte draußen.

FÜR 4 PERSONEN ALS HAUPTGERICHT, **FÜR 6–8 PERSONEN** ALS BEILAGE | **ZUBEREITUNGSZEIT:** 40 MIN. | **GRILLZEIT:** ¾–1 STD.
ZUBEHÖR: DUTCH OVEN (5–6 LITER INHALT)

500 g große gelbe Paprikaschoten
250 g rote Zwiebeln, quer in 1 ¼ cm dicke Scheiben
   geschnitten
2 EL Erdnussöl
1 ¼ TL Kreuzkümmelsamen
1 ¼ TL reines Chilipulver
1 ¼ TL getrockneter Oregano
¾ TL gemahlener Zimt
1 TL naturreines grobes Meersalz
½ TL frisch gemahlener schwarzer Pfeffer
2 EL Honig
180 ml dunkles Bier
700 g orangefarbenes Kürbisfruchtfleisch, in 2 ½ cm
   große Würfel geschnitten (entspricht einem 1–1,2 kg
   schweren Winterkürbis)
5 EL fein gehackte Koriander- oder glatte
   Petersilienblätter

1. Den Grill für direkte und indirekte mittlere Hitze (175–230 °C) vorbereiten.

2. Den Grillrost mit der Bürste säubern. Die Paprikaschoten über *direkter mittlerer Hitze* von allen Seiten 10 bis 15 Min. grillen, bis die Haut rundum angekohlt ist und Blasen wirft, dabei den Grilldeckel möglichst oft geschlossen halten. In eine Schüssel geben, die Schüssel mit Frischhaltefolie verschließen und die Schoten etwa 10 Min. ausdampfen lassen. Anschließend die Haut der Paprikaschoten abziehen und wegwerfen. Die Schoten von Stielansatz, Samen und Trennwänden befreien, das Fruchtfleisch in 1 ¼ cm große Stücke schneiden.

3. Die Zwiebelscheiben über *direkter mittlerer Hitze* bei geschlossenem Deckel 6 Min. grillen, bis sie ein deutliches Grillmuster angenommen haben, dabei ein- bis zweimal wenden. Vom Grill nehmen und auf einem Schneidbrett in 1 ¼ cm große Stücke schneiden.

4. Den Dutch Oven auf dem Grillrost über direkte Hitze stellen. Das Erdnussöl hineingeben und darin Kreuzkümmel, Chilipulver, Oregano, Zimt, Salz und Pfeffer etwa 1 Min. unter Rühren rösten, bis die Gewürze aromatisch duften. Den Honig einige Sekunden unter Rühren darin erhitzen, bis er blubbert, dann das Bier zugießen und weiterrühren, bis es nicht mehr schäumt.

5. Paprika-, Zwiebel- und Kürbisstücke zufügen und über *indirekter mittlerer Hitze* bei geschlossenem Deckel 30–40 Min. schmoren, bis der Kürbis weich ist, dabei ab und zu umrühren. Die Grillhitze in dieser Zeit konstant zwischen 175 und 200 °C halten. Den Kürbiseintopf mit Koriander oder Petersilie bestreuen und warm servieren.

WIRSINGEINTOPF
MIT STECKRÜBEN, GRAUPEN UND APFELRINGEN

Dieser Eintopf macht seinem Namen alle Ehre, denn hier kommen süßlich herb schmeckende Rüben mit
erdigen Kohl- und säuerlichen Apfelnoten in einen Topf. Die unterschiedlichen Aromen werden durch Perlgraupen
wunderbar ins Gleichgewicht gebracht – ein mild schmeckendes winterliches Eintopfgericht.
Den Wirsing, die Rüben und die Apfelringe können Sie tagsüber auch schon im Voraus grillen,
wenn Sie abends nicht so viel Zeit mit der Zubereitung verbringen möchten.

FÜR 4–6 PERSONEN | ZUBEREITUNGSZEIT: 20 MIN. | GAR- UND GRILLZEIT: 1¾ –2 STD.
ZUBEHÖR: APFELAUSSTECHER, DUTCH OVEN (5–6 LITER INHALT)

1 kleiner Kopf Wirsing (etwa 500 g), geviertelt,
   den Strunk nicht entfernt
4 EL Walnussöl
500 g mittelgroße Steckrüben, geschält, in 1¼ cm dicke
   Scheiben geschnitten
2 säuerliche Äpfel (z. B. Boskop; je etwa 250 g),
   mit einem Apfelausstecher entkernt, quer in 1¼ cm
   dicke Ringe geschnitten
500 ml Rinderbrühe, nach Bedarf etwas mehr
180 ml naturtrüber Apfelsaft (100 % Direktsaft)
100 g Perlgraupen
1 TL getrockneter Thymian
½ TL naturreines grobes Meersalz
½ TL frisch gemahlener schwarzer Pfeffer
2 EL Apfelessig

1. Den Grill für direkte und indirekte mittlere Hitze
(175–230 °C) vorbereiten.

2. Den Grillrost mit der Bürste säubern. Die Schnittflächen der Wirsingviertel dünn mit Walnussöl bepinseln.
Den Wirsing mit den eingeölten Schnittflächen nach
unten auf den Grillrost legen und über *direkter mittlerer
Hitze* bei geschlossenem Deckel etwa 5 Min. grillen, bis
die Schnittflächen gebräunt und ein wenig angekohlt sind.
Die Wirsingviertel auf ein Schneidbrett geben.

3. Die Rübenscheiben auf beiden Seiten mit Walnussöl
bepinseln und über *direkter mittlerer Hitze* bei geschlossenem Deckel 10 Min. grillen und dabei einmal wenden,
bis sie auf beiden Seiten gebräunt und ein wenig angekohlt
sind. Auf das Schneidbrett zum Wirsing geben.

4. Die Apfelringe mit dem restlichen Öl einpinseln und
über *direkter mittlerer Hitze* bei geschlossenem Deckel
8–10 Min. grillen, dabei einmal wenden, bis sie weich
und gebräunt, aber noch nicht zerkocht sind. Auf einem
Teller beiseitestellen.

5. Den Strunk aus den Wirsingviertel schneiden und
die Wirsingblätter klein schneiden. Die Rübenscheiben
in 1¼ cm große Stücke schneiden. Wirsing und Rüben in
den Dutch Oven geben und den Topf auf dem Grillrost
über direkte Hitze stellen. Brühe und Apfelsaft zugießen,
dann Graupen, Thymian, Salz und Pfeffer unterrühren.
Einen Deckel auflegen und die Zutaten über *direkter mittlerer Hitze* bei geschlossenem Grilldeckel 20 Min. garen,
bis der Eintopf köchelt, dabei ab und zu umrühren.

6. Den Dutch Oven über *indirekte mittlere Hitze* stellen
und den Eintopf bei geschlossenem Grilldeckel 60–70 Min.
garen, bis Gemüse und Graupen weich sind; ab und zu umrühren. Sollte es im Topf zu trocken werden, nach Bedarf
jeweils 4 EL Brühe unterrrühren.

7. Den Topf vom Grill nehmen und den Deckel abnehmen. Den Essig unterrühren und die gegrillten Apfelringe
auf dem Wirsing anrichten. Vor dem Servieren die Apfelringe im verschlossenen Topf 5 Min. erwärmen.

HERZHAFTER WIRSINGEINTOPF
MIT TOMATEN, ROSINEN UND DILL

Ein Winteressen, das nur noch nach knusprigem Brot verlangt, um auch die letzten Reste dieses reichhaltigen Eintopfs auftunken zu können. Verwenden Sie möglichst keinen getrockneten, sondern frischen Dill, der den herzhaften Wirsing-geschmack um eine frische Note bereichert.

FÜR 6 PERSONEN | ZUBEREITUNGSZEIT: 25 MIN. | GRILLZEIT: 1¼ STD. | ZUBEHÖR: DUTCH OVEN (5–6 LITER INHALT)

4 EL Butter
250 g Zwiebeln, fein gewürfelt
2 mittelgroße Stangen Bleichsellerie,
   quer in feine Scheiben geschnitten
1 große Dose (800 g) stückige Tomaten
5 EL Rosinen
4 EL frisch gepresster Zitronensaft
4 EL dunkelbrauner Zucker
2 EL fein gehackte Dillspitzen
½ TL Selleriesamen
½ TL naturreines grobes Meersalz
½ TL frisch gemahlener schwarzer Pfeffer
1 kg Wirsing, geputzt, Strunk entfernt,
   die Blätter in feine Streifen geschnitten

1. Den Grill für direkte und indirekte mittlere Hitze (175–230 °C) vorbereiten.

2. Den Dutch Oven auf dem Grillrost über direkte Hitze stellen und die Butter darin zerlassen. Zwiebel und Sellerie in der heißen Butter etwa 5 Min. dünsten, bis die Zwiebel-würfel etwas weich sind; ab und zu umrühren.

3. Tomaten mit ihrem Saft, Rosinen, Zitronensaft, Zucker, Dill, Selleriesamen, Salz und Pfeffer in den Dutch Oven geben, alles zum Köcheln bringen, dann die Wirsingstreifen unterrühren. Einen dicht schließenden Deckel auflegen und den Wirsing über *direkter mittlerer Hitze* bei geschlossenem Grilldeckel etwa ¼ Std. schmoren.

4. Den verschlossenen Dutch Oven in die indirekte Zone stellen und den Wirsing über *indirekter mittlerer Hitze* bei geschlossenem Grilldeckel etwa 1 Std. weiterschmoren lassen, bis er weich ist und sich alle Aromen gut verbunden haben; gelegentlich umrühren. Da keine weitere Schmor-flüssigkeit zugegeben wird, sollte die Grillhitze konstant im mittleren Bereich bleiben und der Deckel den Dutch Oven dicht schließen, damit so wenig Dampf wie möglich austre-ten kann. Sonst wird es im Topf zu trocken.

5. Den Eintopf in tiefen Tellern anrichten und warm servieren. Dazu knuspriges Brot reichen.

REICH-HALTIG

GESCHMORTE WEISSE BOHNEN
MIT RIPPENSCHEIBEN UND OREGANO

Für einen Eintopf können Sie kaum etwas Besseres nehmen als die kurze Rippe vom Rind. Die Knochen steuern im Laufe des Schmorens unendlich viel ihres leicht süßen, aber dennoch kräftig herzhaften Geschmacks bei, der sich mit den Bohnen, dem Speck und den Kräutern aufs Himmlischste verbindet.

FÜR 6 PERSONEN | **ZUBEREITUNGSZEIT:** ½ STD., PLUS 24 STD. ZUM EINWEICHEN DER BOHNEN | **GRILLZEIT:** 2¾– 3 STD.
ZUBEHÖR: DUTCH OVEN (5–6 LITER INHALT)

200 g kleine getrocknete weiße Bohnen (z. B. Cannellini)
1 ½ kg nicht ausgelöste kurze Rippe vom Rind
   (6–8 Stück)
1 TL naturreines grobes Meersalz
¾ TL frisch gemahlener schwarzer Pfeffer
120 g Frühstücksspeck in Scheiben,
   grob klein geschnitten
350 g Zwiebeln, fein gewürfelt
250 g Möhren, fein gewürfelt
2 TL fein abgeriebene Schale von 1 Bio-Orange
2 TL fein gehackter Oregano
1 TL fein gehackter Thymian
125 ml Weinbrand
500 ml trockener, nicht zu fruchtiger Rotwein
   (z. B. Pinot Noir)
500–750 ml Rinderbrühe

1. Eine große Schüssel zu drei Viertel mit kaltem Wasser füllen und die Bohnen 24 Std. darin einweichen.

2. Den Grill für direkte und indirekte mittlere Hitze (175–230 °C) vorbereiten.

3. Den Grillrost mit der Bürste säubern. Die Rippen mit dem Salz und ¼ TL Pfeffer würzen. Über *direkte mittlere Hitze* legen und in etwa 10 Min. von allen Seiten bräunen, dabei den Grilldeckel möglichst oft geschlossen halten. Vom Grill nehmen und in einer Schüssel beiseitestellen.

4. Den Dutch Oven auf dem Grillrost über direkte mittlere Hitze stellen und den Speck darin unter häufigem Rühren in etwa 8 Min. knusprig braten. Zwiebel- und Möhrenwürfel zufügen und unter häufigem Rühren 6 Min. dünsten, bis die Zwiebeln etwas weicher sind. Orangenschale, Oregano, Thymian und den übrigen ½ TL Pfeffer unter Rühren 1 Min. mitdünsten, bis die Zutaten aromatisch duften.

5. Vorsichtig den Weinbrand in den Topf gießen (halten Sie dabei Abstand vom Topf, falls sich der Alkohol entzündet. In diesem Fall den Topf sofort für etwa 2 Min. mit einem Deckel verschließen). Alles 1–2 Min. dicklich einkochen lassen, dabei ab und zu umrühren. Die Bohnen abgießen und zusammen mit dem Wein und 500 ml Brühe in den Topf geben. Die Rippenstücke im Topf verteilen und das Ganze zum Kochen bringen.

6. Den Dutch Oven mit einem dicht sitzenden Deckel verschließen und auf dem Grillrost über indirekte Hitze stellen. Bohnen und Fleisch über *indirekter mittlerer Hitze* bei geschlossenem Grilldeckel etwa 2 ¼ Std. schmoren, bis die Bohnen weich und das Fleisch der Rippen zart ist. Sollte in dieser Zeit zu viel Flüssigkeit verdampfen, bei Bedarf 125–250 ml Brühe zugießen. Den Topf vom Grill nehmen und den Eintopf zugedeckt 10 Min. ruhen lassen. Vor dem Servieren das Fett an der Oberfläche abschöpfen und den Eintopf heiß zu Tisch bringen.

BŒUF STROGANOFF
MIT GEGRILLTEN CHAMPIGNONS

Für dieses wunderbare Wintergericht sollten Sie die kleine Extramühe auf sich nehmen und die Champignons zunächst separat grillen. So zubereitet, verleihen sie dem Bœuf Stroganoff ein unverwechselbares »Outdoor-Aroma«. Schneiden Sie das Fleisch in feine Streifen, damit es nur kurz angebraten werden muss, und geben Sie es zum Aufwärmen erst am Ende zurück in die Sauce.

FÜR 4 PERSONEN | ZUBEREITUNGSZEIT: ¼ STD. | GRILLZEIT: ETWA ½ STD.
ZUBEHÖR: GROSSE GELOCHTE GRILLPFANNE, DUTCH OVEN (5–6 LITER INHALT) ODER GROSSE GUSSEISERNE PFANNE

700 g ausgelöstes flaches Roastbeef (Sirloin),
  quer zur Faser in ½ cm feine Streifen geschnitten
naturreines grobes Meersalz
frisch gemahlener schwarzer Pfeffer
500 g braune oder weiße Champignons,
  in ½ cm dicke Scheiben geschnitten
Olivenöl

Für die Sauce
1 EL Olivenöl
1 EL Butter
2 große Schalotten, in feine Scheiben geschnitten
1 EL Mehl
1 EL Tomatenmark
500 ml Rinderbrühe
2 Zweige Thymian
1 TL naturreines grobes Meersalz
1 TL frisch gemahlener schwarzer Pfeffer
4 EL Schmand
2 TL Dijon-Senf

500 g breite Nudeln, gegart, gebuttert

1. Den Grill für direkte starke Hitze (230–290 °C) vorbereiten. Die gelochte Grillpfanne über direkter Hitze 10 Min. vorheizen.

2. Das geschnetzelte Fleisch großzügig mit Salz und Pfeffer würzen. Bei Raumtemperatur beiseitestellen, während Sie die Pilze grillen.

3. Die Pilze dünn mit Olivenöl bestreichen, salzen und pfeffern. Die Pilzscheiben in der gelochten Grillpfanne verteilen und über *direkter starker Hitze* bei geschlossenem Deckel 4–6 Min. grillen, bis sie weich und gebräunt sind,

dabei ein- bis zweimal wenden. Vom Grill nehmen und auf einem Teller beiseitestellen.

4. Im Dutch Oven oder in der Gusseisenpfanne 1 EL Öl über *direkter starker Hitze* sehr heiß werden lassen. Das Rindfleisch darin portionsweise (zwei bis drei Durchgänge) bei geschlossenem Grilldeckel etwa 5 Min. kräftig anbraten, dabei einmal wenden. Das angebratene Fleisch samt Bratensaft in eine Schüssel geben. Das restliche Fleisch genauso anbraten und in die Schüssel geben. An sehr kalten oder windigen Tagen muss der leere Dutch Oven zwischendurch bei geschlossenem Grilldeckel gegebenenfalls aufgeheizt werden, damit er richtig heiß ist, wenn Sie die nächste Portion Fleisch zugeben. Testen Sie deshalb vorher mit einem Fleischstreifen, ob er heiß genug ist: Das Fleisch muss sofort geräuschvoll zu brutzeln anfangen.

5. Den Grill für direkte schwache bis mittlere Hitze (175–200 °C) vorbereiten.

6. Für die Sauce den leeren Dutch Oven oder die Gusseisenpfanne über direkte schwache bis mittlere Hitze stellen. Öl und Butter hineingeben und die Schalotten darin über *direkter schwacher bis mittlerer Hitze* bei geschlossenem Grilldeckel in etwa 3 Min. weich und goldgelb dünsten; ab und zu umrühren. Mehl und Tomatenmark zugeben und unter häufigem Rühren 1 Min. anschwitzen. Mit der Brühe aufgießen, die Thymianzweige einlegen und alles mit Salz und Pfeffer würzen. Die Sauce im offenen Topf, aber bei geschlossenem Grilldeckel, über *direkter schwacher bis mittlerer Hitze* etwa 10 Min. dicklich einkochen lassen, dabei gelegentlich umrühren. Fleisch und Pilze in die Sauce geben. Den Dutch Oven oder die Pfanne vom Grill nehmen und das Bœuf Stroganoff mit Schmand und Senf abrunden. Sofort auf gebutterten breiten Nudeln servieren.

RINDERGULASCH
MIT GEGRILLTEN PAPRIKASCHOTEN

Während das Gulasch langsam vor sich hin schmort, zerfallen die gegrillten weichen Paprikaschoten, verbinden sich mit der reichhaltigen Schmorflüssigkeit und verleihen ihr Süße und Raucharomen. Nehmen Sie sich zum Anbraten des Fleisches genug Zeit, denn nur kräftig gebräunt kann es im Gulasch seine intensiven Geschmacksnoten entfalten.

FÜR 4–6 PERSONEN | ZUBEREITUNGSZEIT: 20 MIN. | GRILLZEIT: 2–2½ STD. | ZUBEHÖR: DUTCH OVEN (5–6 LITER INHALT)

3 mittelgroße Paprikaschoten

Für das Fleisch
1 kg Rindfleisch (aus der Schulter), in 4 cm große
   Würfel geschnitten
naturreines grobes Meersalz
frisch gemahlener schwarzer Pfeffer
1 EL Olivenöl

Zum Schmoren
1 EL Olivenöl
1 große Zwiebel, fein gewürfelt
2 EL edelsüßes ungarisches Paprikapulver
1 EL fein gehackter Knoblauch
2 TL Kümmelsamen, zerstoßen
750 ml Rinderbrühe
1 kleine Dose (400 g) stückige Tomaten
4 EL Tomatenmark
2 EL Aceto balsamico
2 getrocknete Lorbeerblätter
1 EL Zucker
2 Zweige Thymian
2 TL naturreines grobes Meersalz
1 TL frisch gemahlener schwarzer Pfeffer

100 g Schmand, durchgerührt

1. Den Grill für direkte starke Hitze (230–290 °C) vorbereiten.

2. Den Grillrost mit der Bürste säubern. Die Paprikaschoten über *direkter starker Hitze* bei geschlossenem Deckel von allen Seiten 12–15 Min. grillen, bis die Haut rundum angekohlt ist und Blasen wirft. Die Schoten in einer mit Frischhaltefolie verschlossenen Schüssel 10 bis 15 Min. ausdampfen lassen. Die Haut der Schoten abziehen und wegwerfen, dann die Schoten von Stielansatz,

Samen und Trennwänden befreien. Das Fruchtfleisch in 1¼ cm breite Streifen schneiden.

3. Das Fleisch großzügig salzen und pfeffern. Das Öl im Dutch Oven über *direkter starker Hitze* heiß werden lassen. Die Fleischwürfel darin portionsweise 5–8 Min. kräftig von allen Seiten anbraten. Den Grilldeckel dabei möglichst oft geschlossen halten. Das angebratene Fleisch jeweils mit dem Bratensaft in eine Schüssel geben. An sehr kalten oder windigen Tagen muss der leere Dutch Oven zwischendurch bei geschlossenem Grilldeckel gegebenenfalls aufgeheizt werden, damit er richtig heiß ist, wenn Sie die nächste Portion Fleisch einfüllen. Testen Sie deshalb vorher mit einem Fleischwürfel, ob er heiß genug ist: Das Fleisch muss sofort geräuschvoll zu brutzeln anfangen.

4. Den Grill für direkte und indirekte schwache bis mittlere Hitze (175–200 °C) vorbereiten.

5. Den Dutch Oven über direkte Hitze stellen. Öl und Zwiebelwürfel in den Topf geben und die Zwiebel über *direkter schwacher bis mittlerer Hitze* bei geschlossenem Grilldeckel in etwa 3 Min. weich dünsten; ab und zu umrühren. Paprikapulver, Knoblauch und Kümmel unter häufigem Rühren etwa 1 Min. mitdünsten, dann Brühe, Tomaten, Tomatenmark, Essig, Lorbeerblätter, Zucker, Thymian, die gegrillten Paprikaschoten, Salz und Pfeffer dazugeben und gut durchrühren. Fleisch samt Bratensaft zufügen und alles über *indirekter schwacher bis mittlerer Hitze* im offenen Topf, aber bei geschlossenem Grilldeckel, 1¼–1½ Std. schmoren lassen, bis das Fleisch zart und das Gulasch ein wenig dicklich ist, dabei alle 20 bis 30 Min. umrühren. Sollte die Schmorflüssigkeit zu schnell einkochen, die Grillhitze reduzieren. Vor dem Servieren Lorbeerblätter und Thymian entfernen, das Gulasch mit Salz und Pfeffer abschmecken und jeweils mit einem Klecks Schmand warm servieren.

LÖFFEL-
WEISE
HOCH-
GENUSS

MAROKKANISCHES LAMMRAGOUT
MIT FEIGEN UND KICHERERBSEN

Ras-el-hanout ist eine nordafrikanische Gewürzmischung, die dem herzhaften Lammragout eine besondere aromatische Würze verleiht. Sie finden die Mischung im gut sortierten Gewürzregal von Supermärkten oder im Fachhandel.

FÜR 4–6 PERSONEN | ZUBEREITUNGSZEIT: 20 MIN. | MARINIERZEIT: 1–24 STD. | GRILLZEIT: 2½–3 STD.
ZUBEHÖR: DUTCH OVEN (5–6 LITER INHALT) ODER GROSSER GRILLFESTER TOPF MIT DECKEL

Für die Marinade

2 EL Olivenöl, mit 2 TL gemahlenem Koriander, 2 TL
naturreinem grobem Meersalz, 1 TL gemahlenem
Kreuzkümmel und 1 TL Paprikapulver verrührt

1 kg Lammfleisch (aus der Keule), in 4 cm große
   Würfel geschnitten
1 EL Olivenöl
1 mittelgroße Zwiebel, fein gewürfelt
1 große Möhre, fein geraspelt
2 TL Ras-el-hanout (Gewürzmischung)
1 TL naturreines grobes Meersalz
½ TL frisch gemahlener schwarzer Pfeffer
4 Knoblauchzehen, fein gehackt
1 EL frisch geriebener Ingwer
750 ml Hühnerbrühe, nach Bedarf etwas mehr
1 kleine Dose (400 g) Eiertomaten
12 getrocknete Feigen (etwa 180 g; möglichst türkische
   Smyrna- oder kalifornische Calimyrna-Feigen),
   halbiert, Stielansatz entfernt
1 Zimtstange (7 cm)
1 kleine Dose (400 g) Kichererbsen, abgebraust
   und abgetropft

600–900 g gegarter warmer Couscous, zum Servieren
   (entspricht etwa 170–250 g ungegartem Couscous)

1. Das Würzöl in eine große Schüssel geben und die Lammfleischwürfel darin wenden, bis sie gleichmäßig mit Öl und Gewürzen überzogen sind. Bei Raumtemperatur 1 Std. marinieren oder abgedeckt bis zu 24 Std. kalt stellen. Das kalt gestellte Lammfleisch vor dem Grillen 20–30 Min. Raumtemperatur annehmen lassen.

2. Den Grill für direkte mittlere bis starke Hitze (200 bis 260 °C) und indirekte mittlere Hitze (etwa 200 °C) vorbereiten.

3. Im Dutch Oven oder in dem großen Topf 1 EL Öl über *direkter mittlerer bis starker Hitze* sehr heiß werden lassen. Das Lammfleisch im heißen Öl portionsweise (etwa drei Durchgänge) in 4–5 Min. von allen Seiten braun anbraten und den Grilldeckel dabei möglichst oft geschlossen halten. Das angebratene Fleisch jeweils mitsamt dem Bratensaft in eine Schüssel geben. An sehr kalten oder windigen Tagen muss der leere Dutch Oven zwischendurch bei geschlossenem Grilldeckel gegebenenfalls aufgeheizt werden, damit er richtig heiß ist, wenn Sie die nächste Portion Fleisch zugeben. Testen Sie deshalb vorher mit einem Fleischwürfel, ob er heiß genug ist: Das Fleisch muss sofort geräuschvoll zu brutzeln anfangen.

4. Aus dem Topf das Fett bis auf 1 EL abgießen. Zwiebel und Möhre in den Topf geben und über *direkter mittlerer bis starker Hitze* etwa 2 Min. bei geöffnetem Grilldeckel dünsten, bis sie etwas weicher sind. Dabei den Bratensatz vom Topfboden losrühren. Ras-el-hanout, Salz und Pfeffer einstreuen und unter häufigem Rühren 1 Min. mitdünsten, dann Knoblauch und Ingwer 1 Min. unterrühren, bis sie aromatisch duften. Die Brühe zugießen, Tomaten und Feigen unterrühren und die Zimtstange einlegen. Lammfleisch samt Bratensaft zufügen und nach Bedarf weitere Brühe zugießen, damit das Fleisch vollständig bedeckt ist. Alles zum Kochen bringen, dann den Topf über indirekte Hitze stellen, einen Deckel auflegen und das Ragout über *indirekter mittlerer Hitze* bei geschlossenem Grilldeckel 1 Std. schmoren lassen.

5. Den Topfdeckel abnehmen und die Zimtstange entfernen. Das Ragout im offenen Topf, aber bei geschlossenem Grilldeckel, über indirekter Hitze 1–1½ Std. weiterschmoren, bis das Fleisch butterzart und die Sauce dicklich ist, dabei alle ½ Std. umrühren. Die Kichererbsen im Ragout erwärmen und das Ragout noch einmal abschmecken. Auf dem warmen Couscous heiß servieren.

SCHWEINEGULASCH
MIT KARTOFFELN UND KOHL

Grillfans denken bei Schweineschulter an köstlich geräuchertes Pulled Pork, aber das Fleisch mit seinem mild süßen Geschmack eignet sich auch hervorragend für ein saftiges Gulasch. Hier bereiten Sie daraus ein reichhaltiges und wohlig sättigendes Hauptgericht zu, in dem das Fleisch mit auf dem Grill gebräunten Kartoffeln und Kohlspalten in einem kräftigen Biersud sanft geschmort wird.

FÜR 6 PERSONEN | ZUBEREITUNGSZEIT: 25 MIN. | MARINIERZEIT: 1 STD. | GRILLZEIT: ETWA 1½ STD.
ZUBEHÖR: DUTCH OVEN (5–6 LITER INHALT)

Für die Würzmischung

1½ EL Kümmelsamen, grob zerrieben
1½ TL naturreines grobes Meersalz
¾ TL grob gemahlener schwarzer Pfeffer
¼ TL gemahlener Piment

1½ kg Schweinefleisch (aus der Schulter), pariert,
   in 4 cm große Würfel geschnitten
Öl

Für den Eintopf

4 Scheiben durchwachsener Räucherspeck, fein gewürfelt
500 g Fingerling- oder neue Kartoffeln, gewaschen und
   abgebürstet, trockengetupft, größere Kartoffeln halbiert
1 kleiner Kopf Weiß- oder Rotkohl (500 g), durch den
   Strunk halbiert, jede Hälfte in 3 Spalten geschnitten,
   den Strunk nur so weit entfernt, dass die Blätter noch
   zusammenhalten
1 EL Öl
1 große Zwiebel, 1 cm groß gewürfelt
3 Stangen Bleichsellerie, quer in ½ cm dicke Scheiben
   geschnitten
2 EL Mehl
2 kleine Flaschen (je 0,33 l) Lagerbier
500 ml Rinderbrühe
2 EL Apfelkraut

knuspriges Brot, zum Servieren

1. In einer großen Schüssel die Zutaten für die Würzmischung vermengen. Das Gulaschfleisch in die Schüssel geben, mit so viel Öl beträufeln, dass die Fleischwürfel dünn davon überzogen sind, anschließend das Fleisch gleichmäßig mit den Gewürzen vermengen. Im Kühlschrank abgedeckt etwa 1 Std. einziehen lassen.

2. Den Grill für direkte mittlere bis starke Hitze (200–260 °C) vorbereiten.

3. Den Grillrost mit der Bürste säubern. Den Dutch Oven auf dem Grillrost über direkte mittlere bis starke Hitze stellen. Die Speckwürfel im Dutch Oven auslassen, bis der Topfboden von Fett überzogen ist. Das Fleisch portionsweise jeweils 5 Min. von allen Seiten im Speckfett anbraten. Achten Sie darauf, den Topf nicht zu überfüllen. Das angebratene Fleisch in eine saubere große Schüssel oder einen großen Topf geben. Die Grilltemperatur auf direkte und indirekte mittlere Hitze (175–230 °C) reduzieren.

4. Kartoffeln und Kohlspalten rundum dünn mit Öl bepinseln und auf dem Rost über *direkter mittlerer Hitze* bei geschlossenem Deckel 8–10 Min. grillen, dabei einmal wenden, bis sie gebräunt sind. Zum Fleisch geben.

5. Zwiebel und Sellerie im Dutch Oven über direkter mittlerer Hitze in etwa 5 Min. leicht bräunen. Ein- bis zweimal umrühren und dabei den Bratensatz vom Topfboden losrühren. Das Mehl einstreuen und 1 Min. unter Rühren anschwitzen. Das Bier zugießen und unter häufigem Rühren zum Köcheln bringen, bis eine glatte Sauce entsteht. Mit der Rinderbrühe aufgießen und das Apfelkraut unterrühren. Fleisch, Kartoffeln und Kohl zufügen, den Dutch Oven mit einem Deckel verschließen und die Zutaten über *direkter mittlerer Hitze* bei geschlossenem Grilldeckel 1 Std. sanft schmoren lassen, bis das Fleisch zart und mürbe ist. Falls die Schmorflüssigkeit zu stark kocht, die Grillhitze reduzieren oder den Dutch Oven über indirekte Hitze stellen. Das Gulasch warm mit knusprigem Brot servieren.

IN BIER
GESCHMORT

GERÄUCHERTES CHILI
MIT PICO DE GALLO

Lassen Sie dem Fleisch beim Anbraten Zeit, die Raucharomen aufzunehmen, umso besser schmeckt dann das Chili. »Pico de Gallo« heißt Hahnenschnabel – vielleicht eine Anspielung auf die kleinstückige mexikanische Salsa, die es aufzupicken gilt?

FÜR 6 PERSONEN | ZUBEREITUNGSZEIT: ¾ STD. | GRILLZEIT: 2¼–2½ STD.
ZUBEHÖR: GROSSE GELOCHTE GRILLPFANNE, DUTCH OVEN (5–6 LITER INHALT), 2 GROSSE HANDVOLL EICHENHOLZ-CHIPS

Für das Chili

1 kg Rindfleisch (aus der Schulter), in 2 ½ cm große
   Würfel geschnitten
4 EL Olivenöl
naturreines grobes Meersalz
frisch gemahlener schwarzer Pfeffer
350 g Zwiebeln, fein gewürfelt
1 große rote Paprikaschote, in 1¼ cm großen Stücken
6 Knoblauchzehen, fein gehackt
2 Chipotle-Chilischoten in Adobo-Sauce (TexMex-Regal),
   fein gewürfelt (etwa 1 EL)
2 TL gemahlener Kreuzkümmel
2 TL getrockneter Oregano
2 Lorbeerblätter
1 große Dose (800 g) Eiertomaten, grob zerteilt,
   Saft aufbewahrt
0,33 l dunkles Bier

Für die Salsa

300 g Maiskörner (Dose)
150 g Cocktail- oder Datteltomaten, halbiert
4 EL fein gewürfelte rote Zwiebeln
2 EL frisch gepresster Limettensaft
1 ½ EL ohne Samen fein gewürfelte Jalapeño-Chilischoten
1 Knoblauchzehe, fein gehackt
2 EL fein gehackte Korianderblätter (nach Belieben)
naturreines grobes Meersalz
frisch gemahlener schwarzer Pfeffer

1. Die Eichenholz-Chips mind. ½ Std. in kaltem Wasser einweichen. Inzwischen in einer großen Schüssel die Rindfleischwürfel mit 2 EL Öl, 2 TL Salz und 1 TL Pfeffer vermischen und 15–30 Min. Raumtemperatur annehmen lassen.

2. Den Grill für direkte und indirekte mittlere Hitze (175–230 °C) vorbereiten. Die gelochte Grillpfanne 10 Min. über direkter Hitze vorheizen.

3. Die Hälfte der Chips abtropfen lassen und direkt auf die Glut oder nach Herstelleranweisung in die Räucherbox des Gasgrills geben. Den Deckel schließen. Sobald die Chips zu rauchen beginnen, das Fleisch (ggf. portionsweise) in einer Lage in der Grillpfanne verteilen und über *direkter mittlerer Hitze* bei geschlossenem Deckel in 12–15 Min. bräunen, dabei gelegentlich wenden und die Grillhitze konstant zwischen 220 und 230 °C halten. Die Grillpfanne vom Grill nehmen und das Fleisch in eine Schüssel geben.

4. Im Dutch Oven die restlichen 2 EL Öl über direkter mittlerer Hitze heiß werden lassen. Zwiebeln, Paprika und Knoblauch hineingeben und unter gelegentlichem Rühren 7–8 Min. dünsten, bis die Zwiebeln goldgelb und weich sind. Chilis mit Kreuzkümmel, Oregano und Lorbeerblättern zugeben, die Tomaten mit ihrem Saft und das Bier unterrühren und zum Köcheln bringen. Das Fleisch zufügen und alles erneut zum Köcheln bringen, dabei nach Bedarf so viel Wasser zugießen, dass das Fleisch knapp bedeckt ist.

5. Die übrigen Holz-Chips abtropfen lassen und direkt auf die Glut oder in die Räucherbox des Gasgrills geben. Den Dutch Oven in die indirekte Zone ziehen und das Chili im offenen Topf über *indirekter mittlerer Hitze* bei geschlossenem Grilldeckel etwa 1 ¾ Std. köcheln lassen, bis das Fleisch zart und die Schmorflüssigkeit etwas eingedickt ist. In dieser Zeit gelegentlich umrühren und die Grilltemperatur konstant bei etwa 175 °C halten.

6. Inzwischen für die Salsa in einer mittelgroßen Schüssel die Maiskörner mit Tomaten, Zwiebeln, Limettensaft, Knoblauch und nach Belieben mit gehacktem Koriander mischen. Die Salsa mit ½ TL Salz und ¼ TL Pfeffer würzen. Bei Raumtemperatur etwa 1 Std. durchziehen lassen.

7. Das Chili in tiefen Tellern oder Schalen anrichten, auf jede Portion einen großen Löffel Salsa geben und servieren.

FESTTAGSGERICHTE

THINK BIG HEISST ES NUN, DENN AN FESTTAGEN DARF GESCHLEMMT
UND GEFEIERT WERDEN, WAS DAS ZEUG HÄLT. MIT VIELEN
GÄSTEN ODER IM KLEINEREN KREIS — HAUPTSACHE, DIE KOHLE GLÜHT
UND ALLE SIND IN GESPANNTER ERWARTUNG!

RINDERBRATEN
IM KRÄUTERMANTEL MIT ROTWEINSAUCE

Als Grundlage für die Sauce sollten Sie einen körperreichen Rotwein verwenden, der dem üppigen Geschmack des Rinderbratens Paroli bieten kann. Sie können die Sauce bis zu zwei Tage im Voraus zubereiten und dann im Kühlschrank aufbewahren. Vor dem Servieren langsam aufwärmen.

FÜR 10–12 PERSONEN | ZUBEREITUNGSZEIT: ½ STD. | MARINIERZEIT: 1 STD. | GRILLZEIT: ETWA 2 STD.
ZUBEHÖR: DIGITALES FLEISCHTHERMOMETER

1 ausgelöster Rinderbraten aus der Hohen Rippe
  (etwa 2 ½ kg), überschüssiges Fett entfernt
2 TL naturreines grobes Meersalz
¾ TL frisch gemahlener schwarzer Pfeffer
4 EL Dijon-Senf
2 EL Olivenöl
2 EL fein gehackter Oregano
1 ½ EL fein gehackter Rosmarin
1 EL fein gehackter Thymian
1 EL Worcestersauce

Für die Sauce
2 EL Olivenöl
100 g Schalotten, fein gewürfelt
2 TL Zucker
2 Knoblauchzehen, fein gehackt
4 EL Aceto balsamico
2 TL Dijon-Senf
500 ml körperreicher Rotwein
  (z. B. ein Cabernet Sauvignon aus Bordeaux)
1 Zweig Rosmarin
1 Zweig Thymian
1 Lorbeerblatt
750 ml Rinderbrühe
4 EL kalte Butter
naturreines grobes Meersalz
frisch gemahlener schwarzer Pfeffer

1. Das Fleisch auf allen Seiten gleichmäßig mit Salz und Pfeffer würzen. In einer kleinen Schüssel den Senf mit Öl, Oregano, Rosmarin, Thymian und der Worcestersauce verrühren. Den Braten rundum mit der Senfmischung bestreichen und bei Raumtemperatur 1 Std. marinieren.

2. Inzwischen für die Sauce in einem großen Topf das Öl auf mittlerer bis hoher Stufe erhitzen. Darin Schalotten,

Zucker und Knoblauch unter gelegentlichem Rühren 4 bis 5 Min. dünsten, bis die Schalotten etwas Farbe angenommen haben. Essig und Senf einrühren und 1 ½–2 Min. mitgaren. Den Rotwein angießen, die Kräuterzweige und das Lorbeerblatt einlegen und den Wein in etwa ¼ Std. auf 200 ml einkochen lassen. Die Brühe zugießen, erneut zum Kochen bringen, die Hitze reduzieren und die Sauce auf mittlerer Stufe 45–50 Min. köcheln lassen, bis sie auf etwa 400 ml reduziert ist. Die Sauce durch ein feines Sieb in eine Schüssel gießen, dabei die festen Bestandteile im Sieb kräftig ausdrücken. Siebreste wegwerfen. Die Sauce zurück in den Topf gießen.

3. Den Grill für indirekte schwache bis mittlere Hitze (175–200 °C) vorbereiten.

4. Den Grillrost mit der Bürste säubern. Den Braten über *indirekter schwacher bis mittlerer Hitze* bei geschlossenem Deckel etwa 2 Std. grillen, bis er rosa/rot (medium rare) ist und das Fleischthermometer an der dicksten Stelle 50 °C anzeigt. Das Fleisch nach 1 Std. auf dem Rost umplatzieren, nach 1 ¼ Std. zum ersten Mal die Kerntemperatur messen. Halten Sie die Grilltemperatur während der gesamten Zeit konstant zwischen 175 und 200 °C.

5. Den Braten auf einem Schneidbrett in die Küche bringen, locker in Alufolie schlagen und 20–30 Min. nachziehen lassen. Dabei steigt die Kerntemperatur um 5–10 °C.

6. Die Rotweinsauce auf mittlerer Stufe aufwärmen. Vom Herd nehmen und die kalte Butter nacheinander esslöffelweise unterschlagen, bis sie jeweils vollständig geschmolzen ist. Die Sauce mit Salz und Pfeffer abschmecken.

7. Den Rinderbraten in gut 1 cm dicke Scheiben schneiden und warm mit der Sauce servieren.

UNÜBER-
TROFFEN

RINDERBRATEN AU JUS
MIT KNUSPRIGER MEERRETTICH-SENF-KRUSTE

Für Fleischliebhaber ist ein großer, herrlicher Rinderbraten mit das Schönste, was es gibt. Festtagsstimmung kommt auf, wenn er sich wie hier mit den würzig-scharfen Aromen des Meerrettichs in knusprigen Semmelbröseln verbindet. Der Bratensatz von den in der Pfanne angerösteten Rinderknochen ist die perfekte Grundlage für eine Jus, für die Sie dann nur noch ein wenig Rinderbrühe benötigen.

FÜR 8–10 PERSONEN | ZUBEREITUNGSZEIT: 20 MIN. | RUHEZEIT: 1 STD. | GRILLZEIT: 2–2½ STD.
ZUBEHÖR: GRILLFESTER GROSSER BRÄTER ODER 2 GROSSE EINWEG-ALUSCHALEN (INEINANDERGESTELLT), DIGITALES FLEISCHTHERMOMETER

3 kg ausgelöster Rippenbraten vom Rind,
 überschüssiges Fett entfernt
naturreines grobes Meersalz
frisch gemahlener schwarzer Pfeffer
1 kg fleischige Suppenknochen vom Rind
4 EL körniger Senf
3 EL fein gewürfelte Schalotten
2 EL Meerrettich (Glas)
60 g frisch geriebene Roggen-Semmelbrösel
 (in der Küchenmaschine aus leicht altbackenem
 Roggenbrot hergestellt)
350 ml Rinderbrühe

1. Den Rinderbraten auf allen Seiten gleichmäßig mit 1 EL Salz und 2 TL Pfeffer würzen und vor dem Grillen 1 Std. Raumtemperatur annehmen lassen.

2. Den Grill für indirekte und direkte mittlere Hitze (175–230 °C) vorbereiten.

3. Das Fleisch mit der Fettseite nach unten in den Bräter oder die Aluschale legen und die Suppenknochen um das Fleisch herum verteilen. Bräter oder Aluschale über *indirekte mittlere Hitze* stellen und den Braten bei geschlossenem Grilldeckel 1 Std. grillen. Anschließend das Fleisch wenden und bei geschlossenem Deckel ½–1 Std. weitergrillen, bis ein Fleischthermomter in der Mitte des Bratens eine Kerntemperatur von etwa 43 °C anzeigt. Während der gesamten Zeit die Grilltemperatur konstant zwischen 175 und 190 °C halten. Bräter oder Schale vom Grill nehmen. Den Grilldeckel schließen, damit keine Hitze verloren geht.

4. In einer kleinen Schüssel den Senf mit Schalottenwürfeln und Meerrettich verrühren. Die Oberseite und die Seiten des Bratens damit bestreichen, anschließend die Semmelbrösel in die Senfmischung drücken. Die Bröselmischung gleichmäßig mit 4 EL Bratenfett aus dem Bräter oder der Aluschale beträufeln.

5. Bräter oder Schale zurück auf den Grillrost stellen und das Fleisch über *indirekter mittlerer Hitze* bei geschlossenem Deckel in 15–25 Min. fertig grillen, bis es im Kern rosa/rot (medium rare) ist und das Fleischthermometer an der dicksten Stelle eine Kerntemperatur von 50–52 °C anzeigt. Vom Grill nehmen, auf einem Tranchierbrett in die Küche bringen, locker in Alufolie schlagen und 15–20 Min. nachziehen lassen (die Kerntemperatur erhöht sich in dieser Zeit um 5–10 °C).

6. Die Knochen aus Bräter oder Aluschale entfernen und wegwerfen. Den Bratenfond in einen Fetttrenner gießen und für 3–5 Min. stehen lassen. Den dunklen Bratensaft zurück in den Bräter oder die Aluschale gießen, das Bratfett im Fetttrenner weggießen. Den Bräter oder die Schale auf dem Herd auf hoher Stufe erhitzen, bis der Bratensatz zu brutzeln beginnt. Die Brühe zugießen und zum Kochen bringen, dann den Bratensatz mit einem Holzlöffel vom Boden losrühren (wenn Sie die Jus in der Aluschale zubereiten, die Schale dabei nicht beschädigen!). Die Jus mit Salz und Pfeffer abschmecken und in eine Sauciere gießen.

7. Den Rinderbraten quer in gut 1 cm dicke Scheiben schneiden und warm mit der Jus servieren.

RINDERBRATEN
MIT SAHNIGER PILZ-WEINBRAND-SAUCE

Ein luxuriöser Braten wie dieser verdient allerbeste Zutaten. Verwenden Sie deshalb für die Pilzsauce möglichst eine Demi-Glace-Sauce vom Rind oder Kalb, die Sie im gut sortierten Feinkostgeschäft oder im Online-Handel erhalten. Die Saftigkeit und Konsistenz des Fleisches gewinnt ganz wesentlich, wenn Sie vor dem Grillen die Würzmischung ein bis drei Tage ins Fleisch einziehen lassen und den fertig gegrillten Braten vor dem Aufschneiden 30 Minuten ruhen lassen. Das Grillen im Bratenkorb hat den Vorteil, dass der während des Garens herabtropfende Fleischsaft in einer Aluschale aufgefangen und später zur Verfeinerung der Pilzsauce verwendet werden kann.

FÜR 8 PERSONEN | ZUBEREITUNGSZEIT: ¾ STD. | MARINIERZEIT: 24–72 STD. | GRILLZEIT: 1–1½ STD. | RUHEZEIT: ½ STD.
ZUBEHÖR: BRATENKORB, GROSSE EINWEG-ALUSCHALE, DIGITALES FLEISCHTHERMOMETER, GROSSE GUSSEISERNE PFANNE (30 CM Ø)

Für die Würzmischung

3 große Knoblauchzehen, fein gehackt
2 TL fein gehackter Thymian
2 TL naturreines grobes Meersalz
1 TL frisch gemahlener schwarzer Pfeffer

2 kg ausgelöster Rinderbraten aus der
   Hohen Rippe (rundes Roastbeef), überschüssiges
   Fett entfernt

Für die Sauce

500 g gemischte Pilze (z. B. Shiitake, Steinpilze,
   Pfifferlinge, Austernpilze)
1 EL Olivenöl
1 EL Butter
etwa 1 TL naturreines grobes Meersalz
4 EL fein gewürfelte Schalotten
1 TL fein gehackter Knoblauch
1 TL Thymianblättchen
125 ml Weinbrand
250 ml küchenfertige Rinder-Demi-Glace
   (ersatzweise Rinderfond)
250 g Crème fraîche
2 EL Schnittlauchröllchen
etwa ¼ TL frisch gemahlener schwarzer Pfeffer

1. In einer kleinen Schüssel die Zutaten für die Würzmischung vermengen und das Fleisch damit von allen Seiten einreiben. Den Braten locker in Frischhaltefolie schlagen und mind. 24 Std. oder bis zu 3 Tage im Kühlschrank marinieren. Vor dem Grillen 1 Std. Raumtemperatur annehmen lassen.

2. Den Grill für direkte und indirekte mittlere Hitze (175–230 °C) vorbereiten.

3. Den Grillrost mit der Bürste säubern. Das Fleisch über *direkter mittlerer Hitze* bei geschlossenem Deckel etwa 20 Min. von allen Seiten anbraten und jeweils nach Bedarf wenden (dabei Flammenbildung vermeiden, besonders dann, wenn die Fettseite unten liegt). Anschließend mit der Fettseite nach oben in einen Bratenkorb setzen, die große Einweg-Aluschale über indirekte Hitze stellen und den Bratenkorb darüberstellen. Das Fleisch über *indirekter mittlerer Hitze* bei geschlossenem Deckel bis zum gewünschten Gargrad weitergrillen, 1–1½ Std. für rosa/rot (medium rare) bei einer Kerntemperatur von 50–54 °C. Den Braten vom Grill nehmen, in der Küche auf einem Tranchierbrett mit Saftrinne in Alufolie schlagen und ½ Std. nachziehen lassen. Inzwischen die Sauce zubereiten.

4. Die große Gusseisenpfanne über direkter mittlerer Hitze etwa 10 Min. vorheizen. Die Pilze putzen. Von den Shiitake die Stiele entfernen und wegwerfen, anschließend die Hüte in ½ cm große Stücke schneiden. Haben Sie Austernpilze in Büscheln gekauft, diese in einzelne Stücke teilen und harte Enden abschneiden. Austernpilze, Pfifferlinge, Steinpilze und andere Pilze der Länge nach in ½ cm große Stücke schneiden.

5. Öl und Butter in die heiße Pfanne geben, die Pilze zusammen mit ½ TL Salz zufügen und über *direkter mittlerer Hitze* bei geschlossenem Grilldeckel etwa 5 Min. braten, bis sie Flüssigkeit ziehen und goldbraun werden, dabei gelegentlich umrühren.

FÜR UNSERE LIEBSTEN

6. Schalottenwürfel, Knoblauch und Thymian zugeben und die Schalotten in 2–3 Min. weich dünsten, dabei häufig umrühren. Mit dem Weinbrand ablöschen (Achtung vor Flammen!) und den Bratensatz etwa 1 Min. vom Pfannenboden losrühren. Mit der Demi-Glace-Sauce aufgießen, den Grilldeckel schließen und den Pilzfond etwa 3 Min. einkochen lassen, bis er um die Hälfte reduziert ist. Die Crème fraîche unterrühren und alles 2 Min. dicklich einköcheln lassen. Die Pfanne vom Grill nehmen, einen Deckel auflegen und an einem warmen Ort beiseitestellen.

7. Noch schmackhafter und reichhaltiger wird die Pilzsauce, wenn Sie den in der Einweg-Aluschale aufgefangenen Bratensaft (aber ohne die festen Bestandteile) und den in der Alufolie und/oder in der Saftrinne gesammelten Fleischsaft des Bratens unterrühren. Zuletzt die Schnittlauchröllchen einrühren und die Sauce mit dem restlichen Salz und ¼ TL Pfeffer abschmecken.

8. Den Rinderbraten in etwa 1 cm dicke Scheiben scheiben und warm mit der Pilzsauce servieren.

GESCHMORTE KALBSBRUST
MIT MARONEN GEFÜLLT

Die gefüllte Kalbsbrust eignet sich perfekt für eine Festtagstafel, sie ist wunderbar reichhaltig und macht satt und zufrieden. Dafür sorgen nicht zuletzt die Fleischsäfte, die sich schön langsam mit der aromatischen Füllung verbinden.

FÜR 8 PERSONEN | ZUBEREITUNGSZEIT: 1 STD. | GARZEIT: 2–2 ½ STD.
ZUBEHÖR: GROSSE PFANNE FÜR DEN GRILL, DUTCH OVEN (5–6 LITER INHALT)

3 EL Butter
2 mittelgroße Schalotten, fein gewürfelt
3 mittelgroße Stangen Bleichsellerie,
   quer in feine Scheiben geschnitten
1 Flasche (0,75 l) trockener Riesling
7–8 Scheiben französisches Weißbrot ohne Kruste,
   in der Küchenmaschine zu Semmelbröseln verarbeitet
   (etwa 225 g)
350 g geschälte geröstete Maronen, fein gehackt
1 ½ TL getrockneter gerebelter Salbei
½ TL getrockneter Thymian
½ TL gemahlener Piment
1 ¼ TL naturreines grobes Meersalz
1 TL frisch gemahlener schwarzer Pfeffer
6–8 EL Milch
1,8–2,2 kg ausgelöste Kalbsbrust, vom Metzger zum
   Rollen aufgeschnitten
2 EL Olivenöl
1 Bouquet garni (bestehend aus 4 großen
   Petersilienstängeln, 4 Thymianzweigen und
   2 großen Salbeistängeln)

1. Den Grill für direkte und indirekte mittlere Hitze (175–230 °C) vorbereiten.

2. Die große Pfanne über direkte Hitze stellen und die Butter darin zerlassen. Schalotten und Sellerie über *direkter mittlerer Hitze* bei geöffnetem Deckel 5–6 Min. in der heißen Butter dünsten, bis die Schalotten etwas weich und hell goldgelb sind, dabei gelegentlich umrühren.

3. Die Mischung mit 6 EL Riesling ablöschen und den Bratensatz vom Pfannenboden losrühren, sobald der Wein köchelt. Über *direkter mittlerer Hitze* bei geöffnetem Deckel 2–3 Min. unter gelegentlichem Rühren dicklich einkochen lassen. In eine große hitzefeste Schüssel geben und 10 Min. abkühlen lassen. Die Hitze im Grill nicht absinken lassen.

4. Semmelbrösel, Maronen, Salbei, Thymian, Piment, ½ TL Salz und ½ TL Pfeffer unter den abgekühlten Schalotten-Sellerie-Mix rühren, anschließend mit 6 EL Milch verrühren, bis die Füllung gut bindet und feucht, aber nicht nass ist. Bei Bedarf weitere Milch unterrühren.

5. Die Kalbsbrust flach auslegen und mit ¾ TL Salz und ½ TL Pfeffer würzen. Die Füllung auf dem Fleisch verstreichen, anschließend die Kalbsbrust von der kurzen Seite her aufrollen (siehe S. 84, Step 1). Die aufgerollte Kalbsbrust mit Küchengarn in Form binden (siehe S. 84, Step 2).

6. Die gefüllte Kalbsbrust rundum mit dem Olivenöl bestreichen. Den Grillrost mit der Bürste säubern. Die Kalbsbrust über *direkter mittlerer Hitze* in etwa 10 Min. auf allen Seiten gleichmäßig braun anbraten, dabei den Deckel möglichst oft geschlossen halten (siehe S. 84, Step 3).

7. Den Dutch Oven auf dem Grillrost über direkte Hitze stellen und die angebratene Kalbsbrust hineinlegen. Den restlichen Wein zugießen (siehe S. 84, Step 4) und das Bouquet garni einlegen. Den Topf verschließen und alles etwa 8 Min. kochen lassen.

8. Den verschlossenen Topf über indirekte Hitze stellen und die Kalbsbrust über *indirekter mittlerer Hitze* bei geschlossenem Grilldeckel 1 ¾–2 Std. schmoren, bis sie butterzart ist. Sollten Sie mit Holzkohle grillen, bei Bedarf weitere Briketts nachlegen, damit im Grill eine konstante Hitze von etwa 175 °C herrscht und der Weinsud köchelt.

9. Die Kalbsbrust herausheben und auf einem Tranchierbrett mit Alufolie abgedeckt ¼ Std. in der Küche nachziehen lassen. Das Bouquet garni entfernen, das Fett an der Saucenoberfläche abschöpfen. Kalbsbrust vom Küchengarn befreien und in etwa 1 cm dicke Scheiben schneiden. Die Scheiben mit Sauce überziehen und servieren.

MACHT GLÜCKLICH

1. FÜLLEN & ROLLEN

Die Kalbsbrust flach auslegen und mit Salz und Pfeffer würzen. Anschließend die Füllung auf der Kalbsbrust verstreichen, dabei an allen Seiten schmale Ränder frei lassen, damit beim Aufrollen keine Füllung austritt. Auf der kurzen Seite mit dem engen Aufrollen beginnen.

4. VORBEREITUNG ZUM SCHMOREN

Die angebratene Kalbsbrust wird in den Dutch Oven gelegt, dann wird der Wein angegossen und anschließend das Bouquet garni eingelegt.

TIPP

Schöpfen Sie während die Kalbsbrust unter Alufolie ruht das Fett an der Saucenoberfläche mit einer Schöpfkelle ab. Dadurch wird die Sauce leichter und bekömmlicher.

2. IN FORM BINDEN

Die Garnlänge sollte etwa der achtfachen Länge der Kalbsbrust entsprechen. Das Garn an einem Ende um die aufgerollte Kalbsbrust legen und fest verknoten, dann im gleichmäßigen Abstand die Kalbsbrust mit drei bis vier Schlaufen umwickeln, das Garn jeweils durchziehen und festzurren. Anschließend das Garn über die gesamte Länge des Rollbratens ziehen und mit dem Fadenanfang fest verknoten.

3. ANBRATEN

Die aufgerollte Kalbsbrust über direkter mittlerer Hitze in etwa 10 Min. von allen Seiten gleichmäßig braun anbraten. Versuchen Sie dabei, den Grilldeckel möglichst oft geschlossen zu halten. Erst wenn das Fleisch schön gebräunt ist, kommt es zum Weiterschmoren in den Dutch Oven.

MARINIERTE LAMMKEULE
MIT ROSMARIN, SENF UND KNOBLAUCH

Achten Sie beim Einreiben der Lammkeule darauf, die Marinade auch in alle Vertiefungen und Falten des Fleisches einzuarbeiten, damit tatsächlich das gesamte Fleisch gewürzt wird. Je länger Sie die Lammkeule anschließend marinieren lassen, desto intensiver wird ihr Geschmack. Die Schalottenwürfel in der fertigen Rotweinsauce sorgen für einen eher rustikalen Look. Möchten Sie eine glatte Sauce ohne Schalottenstücke, streichen Sie die Sauce, bevor der Senf untergerührt wird, durch ein Sieb.

FÜR 6–8 PERSONEN | ZUBEREITUNGSZEIT: ½ STD. | MARINIERZEIT: 4–24 STD. | GRILLZEIT: 20–30 MIN.

Für die Marinade
8 EL Dijon-Senf
3 EL Olivenöl
4 Knoblauchzehen, fein gehackt
1 EL fein gehackter Rosmarin
2 TL naturreines grobes Meersalz
1 TL frisch gemahlener schwarzer Pfeffer

1 ¼–1 ½ kg ausgelöste Lammkeule, flach aufgeschnitten (Schmetterlingsschnitt), überschüssiges Fett und sichtbare Sehnen entfernt

Für die Sauce
1 EL Olivenöl
6–8 EL fein gewürfelte Schalotten
370 ml körperreicher Rotwein
370 ml Hühnerbrühe
1 Zweig Rosmarin (5 cm)
1 EL Dijon-Senf
½ TL naturreines grobes Meersalz,
*   oder nach Geschmack*
½ TL frisch gemahlener schwarzer Pfeffer

2 EL kalte Butter

1. In einer kleinen Schüssel die Zutaten für die Marinade verrühren und das Lammfleisch von allen Seiten gleichmäßig damit einreiben. Das Fleisch in einer mit Frischhaltefolie abgedeckten großen Schüssel oder Auflaufform mind. 4 Std. oder bis zu 24 Std. im Kühlschrank marinieren. Vor dem Grillen die Lammkeule 20–30 Min. Raumtemperatur annehmen lassen.

2. Für die Sauce das Öl in einem kleinen Topf auf mittlerer Stufe erhitzen. Die Schalottenwürfel darin unter häufigem Rühren in etwa 2 Min. glasig dünsten; sie sollen keine Farbe annehmen. Mit Wein und Brühe aufgießen und den Rosmarinzweig einlegen. Auf hoher Stufe zum Kochen bringen, dann die Hitze auf mittelstark reduzieren und die Sauce im offenen Topf in etwa ¼ Std. auf die Hälfte einkochen. Den Rosmarinzweig entfernen. Senf, Salz und Pfeffer unterrühren, die Hitze erneut reduzieren und die Sauce 2 Min. sanft köcheln lassen, dabei gelegentlich umrühren. Den Topf vom Herd nehmen und beiseitestellen, während Sie das Lammfleisch zubereiten.

3. Den Grill für direkte und indirekte starke Hitze (230–290 °C) vorbereiten.

4. Den Grillrost mit der Bürste säubern. Die flach aufgeschnittene Lammkeule über *direkter starker Hitze* bei geschlossenem Deckel 6–8 Min. anbraten, dabei ein- bis zweimal wenden, bis sie auf beiden Seiten schön gebräunt ist. Das Fleisch in die indirekte Zone legen und über *indirekter starker Hitze* bei geschlossenem Deckel bis zum gewünschten Gargrad weitergrillen, 15–20 Min. für rosa/rot (medium rare). Vom Grill nehmen, mit Alufolie abdecken und in der Küche 5 Min. nachziehen lassen.

5. Inzwischen die Sauce auf kleiner bis mittlerer Stufe erneut heiß werden lassen. Die kalte Butter nacheinander esslöffelweise unterschlagen, bis sie jeweils vollständig geschmolzen ist. Die Sauce mit Salz abschmecken. Das Lammfleisch quer zur Faser dünn aufschneiden und warm mit der Sauce servieren.

KÖSTLICH MARINIERT

GERÄUCHERTE MINI-BURGER
MIT SCHWEINEBAUCH UND GRILLSAUCE CHAR SIU

Eine beliebte chinesische Räucherzutat sind mit Reis und Gewürzen eingeweichte Teeblätter. Hier werden marinierte Schweinebauchscheiben in Tee geräuchert und anschließend mit der dicken, salzig süßen Char-Siu-Sauce glasiert.

FÜR 4–6 PERSONEN (ERGIBT 12 MINI-BURGER) | **ZUBEREITUNGSZEIT:** 20–30 MIN. | **MARINIERZEIT:** ½–2 STD. | **GRILLZEIT:** ETWA 1½ STD.
ZUBEHÖR: ALU-EINWEGSCHALE, DIGITALES FLEISCHTHERMOMETER

Für die Marinade
4 EL Sojasauce
4 EL chinesischer Reiswein oder trockener Sherry
2 EL Öl
2 EL Hoisin-Sauce (chinesische Würzsauce)
2 EL Austernsauce
1 TL Chiliflocken
½ TL chinesisches Fünf-Gewürze-Pulver

2 Scheiben roher Schweinebauch
(je etwa 500 g schwer und 4 cm breit)
100 g weißer Reis
4 ganze Sternanis
2 Zimtstangen
35 g lose Schwarzteeblätter

Für die Sauce
170 g Honig
60 ml chinesischer Reiswein oder trockener Sherry
3 EL Austernsauce
2 EL Hoisin-Sauce
2 EL Reisessig
1 EL salzarme Sojasauce

Für den Krautsalat
½ kleiner Kopf Chinakohl, der Länge nach halbiert,
Strunk jeweils entfernt, Blätter in schmale Streifen
geschnitten, dabei dickere Blattrippen entfernt
(sollte etwa 230 g Kohlstreifen ergeben)
2 Frühlingszwiebeln, nur die weißen und hellgrünen
Abschnitte in feine Scheiben geschnitten
3 EL Sesamöl aus gerösteten Samen
2 EL Reisessig
¼ TL naturreines grobes Meersalz
¼ TL Chiliflocken

12 kleine Partybrötchen, aufgeschnitten

1. In einer flachen Form die Zutaten für die Marinade verrühren. Mit einem scharfen Messer die Schwarte der Bauchscheiben im Abstand von 2 ½ cm mehrmals tief einschneiden, ohne dabei ins Fleisch zu schneiden. Die Bauchscheiben in der Marinade wenden und bei Raumtemperatur ½ Std. oder bis zu 2 Std. im Kühlschrank marinieren; die Scheiben in dieser Zeit mehrmals in der Marinade wenden.

2. Reis, Sternanis und Zimtstangen in eine mittelgroße Schüssel geben. Mit so viel kaltem Wasser übergießen, dass das Wasser 2 ½ cm hoch über der Mischung steht. ¼ Std. stehen lassen, dann die Teeblätter zufügen und nochmals ¼ Std. ziehen lassen.

3. Inzwischen in einem kleinen Topf die Zutaten für die Sauce unter häufigem Rühren aufkochen. Sobald die Mischung sprudelt, die Hitze sofort reduzieren und die Sauce auf mittlerer bis kleiner Stufe 2–3 Min. sanft köcheln lassen. In eine Schüssel umfüllen und abkühlen lassen. Dabei dickt die Sauce ein.

4. Den Grill für indirekte schwache bis mittlere Hitze (175–200 °C) vorbereiten.

5. Den Grillrost mit der Bürste säubern. Beim Grillen mit einem Holzkohlegrill die Einweg-Aluschale auf die leere Seite des Kohlerosts stellen und 1 l Wasser hineingießen. Die Teemischung abgießen und die Hälfte davon direkt auf die Glut oder nach Herstelleranweisung in die Räucherbox des Gasgrills geben. Sobald Rauch entsteht, die Bauchscheiben aus der Marinade nehmen (übrige Marinade weggießen) und mit der Schwarte nach oben über *indirekter schwacher bis mittlerer Hitze* bei geschlossenem Deckel 30 Min. grillen. Die restliche Teemischung auf die Glut oder in die Räucherbox geben, die Bauchscheiben wenden und mit der Schwarte nach unten 45–55 Min. indirekt weitergrillen, bis das Bauchfleisch zart ist und das horizontal

eingestochene Fleischthermometer eine Kerntemperatur von 80 °C anzeigt. Die Grillhitze während der gesamten Zeit zwischen 175 und 200 °C halten.

6. Zum Glasieren der Bauchscheiben von der Sauce etwa 125 ml abnehmen. Die Scheiben auf dem Grill mit ¼ der Sauce bestreichen und über *indirekter schwacher bis mittlerer Hitze* 10–15 Min. weitergrillen, dabei ab und zu wenden und jeweils mit ¼ der Sauce bestreichen, bis die Scheiben auf beiden Seiten schön glänzen. Vom Grill nehmen und auf einem Tranchierbett 5–10 Min. ruhen lassen.

7. Inzwischen die Zutaten für den Krautsalat in einer Schüssel mischen. Die Brötchenhälften mit den Schnittflächen nach unten über indirekter Hitze rösten. Die Bauchscheiben längs in insgesamt 24 gleich große Scheiben schneiden, dabei Schwarte, Knorpel und größere Fettstücke entfernen. (Servieren Sie die knusprige Schwarte separat.) In den Brötchen jeweils 2 Scheiben Bauchfleisch anrichten (nach Bedarf klein schneiden), mit etwas Sauce beträufeln und darauf 1 Löffel Krautsalat geben. Die Mini-Burger warm servieren und dazu den übrigen Krautsalat und die restliche Sauce reichen.

SCHWEINEFILET
MIT FRUCHTIGEM SCHALOTTEN-CHUTNEY

Früchte und Gewürze sind wunderbare Begleiter zu Schweinefleisch, das hier durch ein süß-pikantes Chutney und eine aromatische Würzmischung verfeinert wird. Lassen Sie den Schalotten ausreichend Zeit zu karamellisieren, nur dann verleihen sie dem Chutney sämige Fülle und Geschmackstiefe. Sie können das Chutney im Voraus zubereiten und bis zu drei Tage im Kühlschrank aufbewahren. Je länger es durchzieht, desto intensiver wird sein Aroma.

FÜR 4 PERSONEN | ZUBEREITUNGSZEIT: ½ STD. | **GRILLZEIT:** 30–40 MIN.
ZUBEHÖR: GROSSE GUSSEISERNE PFANNE (30 CM Ø), DIGITALES FLEISCHTHERMOMETER

Für die Würzmischung

1 TL gemahlener Kreuzkümmel
1 TL gemahlener Koriander
1 TL Senfpulver
1 TL Zucker
1 TL naturreines grobes Meersalz
½ TL frisch gemahlener schwarzer Pfeffer

2 Schweinefilets (je etwa 500 g), Silberhaut und
  überschüssiges Fett entfernt
Olivenöl

Für das Chutney

2 EL Olivenöl
500 g große Schalotten, in feine Scheiben geschnitten
naturreines grobes Meersalz
1 Zimtstange
1 Rosmarinzweig (5 cm)
80 g Sultaninen
¼ TL Cayennepfeffer
60 ml frisch gepresster Orangensaft
3 EL Aceto balsamico
3 EL Rotweinessig
2 EL brauner Zucker

1. Für die Würzmischung die Zutaten in einer kleinen Schüssel vermengen. Die Schweinefilets rundum dünn mit Öl bepinseln und mit der Würzmischung einreiben. Damit die Filets einheitlich dick sind und gleichmäßig garen können, bei Bedarf die dünneren Filetspitzen unterschlagen und mit Küchengarn fixieren. Die Filets bei Raumtemperatur beiseitestellen, während Sie das Chutney zubereiten.

2. Den Grill für direkte und indirekte mittlere Hitze (175–230 °C) vorbereiten.

3. Den Grillrost mit der Bürste säubern. Die Gusseisenpfanne über direkter Hitze 10 Min. vorheizen.

4. Für das Chutney Öl, Schalotten und 1 Prise Salz in die vorgeheizte Pfanne geben und die Schalotten darin über *direkter mittlerer Hitze* in etwa 10 Min. unter häufigem Rühren goldbraun karamellisieren lassen. Den Grilldeckel dabei möglichst oft geschlossen halten. Dann die restlichen Zutaten zufügen und das Chutney über *indirekter mittlerer Hitze* etwa 10 Min. unter häufigem Rühren dicklich einkochen lassen, bis kaum noch Flüssigkeit in der Pfanne ist; den Deckel erneut möglichst oft geschlossen halten. Inzwischen auch die Schweinefilets grillen.

5. Die Filets auf dem Rost über *direkter mittlerer Hitze* bei geschlossenem Grilldeckel 12–17 Min. grillen und dabei häufig wenden (trotzdem den Grilldeckel möglichst oft geschlossen halten), bis sie von allen Seiten gleichmäßig braun gebraten sind und das Fleischthermometer eine Kerntemperatur von 60–63 °C anzeigt. Das Fleisch soll im Innern noch leicht rosa sein.

6. Das fertige Chutney vom Grill nehmen. Rosmarinzweig und Zimtstange entfernen und wegwerfen. Chutney in eine Schüssel füllen und abkühlen lassen, während die Filets fertig gegrillt werden.

7. Die Schweinefilets vom Grill nehmen, auf einem Tranchierbrett mit Saftrinne in die Küche bringen und mit Alufolie abgedeckt 5 Min. nachziehen lassen. Anschließend die Folie abnehmen, gegebenenfalls das Küchengarn entfernen und die Filets in 1 ¼ cm dicke Scheiben schneiden. Auf einem Servierteller anrichten, mit dem aufgefangenen Bratensaft aus der Saftrille beträufeln und die Filetscheiben warm mit dem Chutney servieren.

FRUCHTIG
WÜRZIG

SCHINKEN
IM RUGELACH-TEIG

Saftig und überaus köstlich schmeckt Schinken, der in einem Teigmantel gebacken wird – hier eine salzige Version von jüdischem Rugelach-Teig, der mit Frischkäse zubereitet wird. Das Meisterwerk auf dem Grill ist unbedingt einen Versuch wert und genau das Richtige für einen winterlichen Festtag mit Freunden und Gästen. Machen Sie dazu eine Flasche feinen Riesling auf oder bieten Sie das beste dunkle Bier an, das sie finden können.

FÜR 8 PERSONEN | ZUBEREITUNGSZEIT: ¾ STD. | KÜHLZEIT: ½ STD. | GRILLZEIT: 50–55 MIN.
ZUBEHÖR: TEIGROLLE, GRILLFESTES SCHWERES BACKBLECH, BACKPAPIER

250 g kalte Butter, 1 cm groß gewürfelt
250 g kalter Doppelrahmfrischkäse
   (keinen fettarmen Frischkäse verwenden)
   in 2 ½ cm große Stücke portioniert
1 TL naturreines grobes Meersalz
400 g Mehl, plus Mehl für die Arbeitsfläche
125 ml kalte Vollmilch

1 geräucherte Kochschinkenhälfte ohne Knochen
   (1 ½–2 kg), raumtemperiert
4 EL körniger Senf

1 Eiweiß (Größe L), mit 1 EL Wasser verquirlt

1. Die Butter mit Frischkäse und Salz in der Küchenmaschine mit dem Flachrührer oder in einer großen Rührschüssel mit dem elektrischen Handrührer bei mittlerer Geschwindigkeit 2 Min. verrühren, bis sich die Zutaten verbunden haben. Das Mehl einstreuen und rühren, bis alles wie grobe Streusel zusammenhält (siehe S. 94, Step 1). Die Milch zugießen und bei mittlerer Geschwindigkeit weiterrühren, bis aus der Mischung eben ein Teig entsteht.

2. Eine saubere, trockene Arbeitsfläche dünn mit Mehl bestäuben. Den Teig aus der Schüssel nehmen und zu einer Kugel formen. Die Teigkugel in ein ⅓ großes (etwa 330 g schweres) Stück und in ein ⅔ großes Stück teilen. Beide Teigstücke zu einer 2 ½ cm dicken Scheibe flach drücken, separat in Frischhaltefolie wickeln und ½ Std. in den Kühlschrank stellen.

3. Den Grill für indirekte mittlere Hitze (175–230 °C) vorbereiten. Das Backblech mit Backpapier belegen.

4. Auf die saubere, trockene Arbeitsfläche erneut Mehl stäuben. Die kleinere Teigscheibe aus der Folie wickeln und auf die bemehlte Arbeitsfläche geben. Mit etwas Mehl bestäuben und zu einem 25 cm großen und ½ cm dicken Kreis ausrollen. Auf das Backblech legen.

5. Die Mitte des Teigkreises dünn mit 1 EL Senf bestreichen. Darauf den Schinken mit der angeschnittenen Seite nach unten setzen (siehe S. 94, Step 2). Den Schinken oben und an den Seiten gleichmäßig mit den restlichen 3 EL Senf bestreichen.

6. Die zweite Teigscheibe aus der Folie wickeln, auf der Arbeitsfläche mit Mehl bestäuben und zu einem etwa 40 cm großen Kreis ausrollen. Den Rand des kleineren Teigkreises dünn mit Wasser bepinseln. Den großen Teigkreis mittig auf den Schinken legen und den Schinken mit dem Teig rundherum einschließen (siehe S. 94, Step 3). Anschließend die Teigkanten fest auf den Teigboden drücken. Überstehenden Teigboden bis auf einen 2–2 ½ cm breiten Rand abschneiden, den Rand rundherum in Falten legen (siehe S. 94, Step 4). Den Teigmantel von allen Seiten mit dem verquirlten Eiweiß bepinseln. Nach Belieben die Teigreste weiterverarbeiten (siehe Tipp auf S. 94).

7. Das Backblech auf den Grillrost über *indirekte mittlere Hitze* legen und den Schinken bei geschlossenem Deckel 50–55 Min. backen, bis der Teigmantel goldgelb gesprenkelt und fest ist. Das Backblech mit dem Schinken auf ein Ofengitter setzen und den Schinken ¼ Std. abkühlen lassen. Mit zwei großen Grillwendern den Schinken vorsichtig auf ein Tranchierbrett heben. Mit einem Sägemesser in etwa 2 cm dicke Scheiben schneiden und servieren.

1. GROBE TEIGSTREUSEL
Bei der Zubereitung des Rugelach-Teigs ist es wichtig, das eingestreute Mehl so lange mit der Butter-Frischkäse-Mischung zu verrühren, bis die Zutaten sich wie grobe Streusel zusammenballen. Erst dann die Milch unterrühren. Verwenden Sie unbedingt Doppelrahmfrischkäse und achten Sie darauf, dass Butter und Frischkäse bei der Verarbeitung kühlschrankkalt sind.

2. KLEINER TEIGKREIS
Das kleinere Teigstück auf einer bemehlten Arbeitsfläche zu einem Kreis von 25 cm Durchmesser ausrollen, mittig dünn mit Senf bestreichen und den Schinken mit der Schnittfläche daraufsetzen.

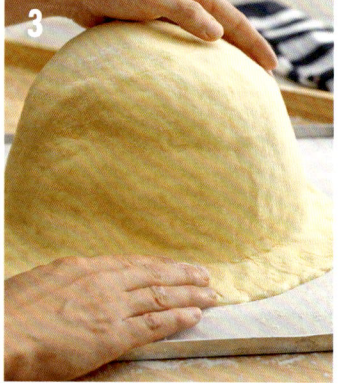

3. GROSSER TEIGKREIS
Das große Teigstück zu einem Kreis von 40 cm Durchmesser ausrollen. Mittig auf den Schinken legen und auf allen Seiten gleichmäßig andrücken. Der Schinken sollte gut im Teigmantel eingeschlossen sein. Teigränder gut zusammendrücken.

4. TEIGRAND
Überstehenden Teig abschneiden und anschließend den Teigrand in Falten legen.

TIPP
Die abgeschnittenen Teigränder noch einmal zu einem Teigstück ausrollen und daraus ein S für Schinken ausschneiden oder -stechen, mit dem Sie den Teigmantel oben dekorieren können.

SCHWEINEKOTELETTS
MIT APFEL-SCHALOTTEN-FÜLLUNG

Die Lake macht das Fleisch nicht nur saftig und bewahrt es auf dem Grill vor dem Austrocknen, sondern verleiht ihm auch aromatische Apfelnoten. Pökeln Sie die Koteletts jedoch nicht länger als angegeben, andernfalls werden sie zu salzig.

FÜR 4–6 PERSONEN | ZUBEREITUNGSZEIT: ½ STD. | PÖKELZEIT: 3 STD. | GRILLZEIT: 16–20 MIN.

Für die Lake
8 EL heller Muscovado-Zucker
5 EL Salz (kein grobes Meersalz)
1 TL getrockneter gerebelter Salbei
1 TL getrockneter Thymian
½ TL frisch gemahlener schwarzer Pfeffer
500 ml frisch gepresster Apfelsaft
   (ersatzweise naturtrüber 100 % Direktsaft)

4 doppelte Schweinekoteletts (aus dem Kotelettstrang;
   je 500–550 g schwer und etwa 4–5 cm dick),
   überschüssiges Fett entfernt

Für die Füllung
1 EL Butter
1 säuerlicher Apfel (z. B. Boskop), geschält,
   entkernt, in 1 cm große Würfel geschnitten
2 EL fein gewürfelte Schalotten
¼ TL getrockneter gerebelter Salbei
¼ TL getrockneter Thymian
1 TL frisch gepresster Zitronensaft
¼ TL naturreines grobes Meersalz
1 Msp. frisch gemahlener schwarzer Pfeffer

1. Für die Lake 250 ml kaltes Wasser in einen großen Topf gießen. Zucker und Gewürze zugeben und auf mittlerer Stufe unter Rühren erhitzen, bis sich Zucker und Salz aufgelöst haben. Vom Herd nehmen und lauwarm abkühlen lassen. Apfelsaft und 500 ml kaltes Wasser mit Eiswürfeln dazugeben und rühren, bis die Eiswürfel geschmolzen sind. Die Koteletts einlegen und unter gelegentlichem Wenden 3 Std. kalt stellen. Inzwischen die Füllung vorbereiten.

2. In einer mittelgroßen Pfanne die Butter auf mittelhoher Stufe zerlassen. Die Apfelwürfel darin unter gelegentlichem Rühren in etwa 3 Min. hellbraun dünsten. Schalotten zufügen und unter häufigem Rühren etwa 1 Min. mitdünsten,

bis sie weich werden. Salbei, Thymian, Zitronensaft, Salz und Pfeffer unterrühren. Die Füllung abkühlen lassen.

3. Koteletts aus der Lake nehmen und mit Küchenpapier trockentupfen. Die Koteletts gegenüber dem Knochen seitlich mit einem kleinen scharfen Messer waagerecht einschneiden und den Einschnitt links und rechts behutsam zu einer Tasche vergrößern, mit einem Abstand von etwa 1 cm zum Knochen. In die Taschen je ¼ der Füllung geben. Die Koteletts ½ Std. Raumtemperatur annehmen lassen.

4. In der Zwischenzeit den Grill für direkte mittlere Hitze (175–230 °C) vorbereiten.

5. Den Grillrost mit der Bürste säubern. Die Koteletts über *direkter mittlerer Hitze* bei geschlossenem Deckel 16–20 Min. grillen, bis sie im Kern noch leicht rosa sind, dabei gelegentlich wenden. Vom Grill nehmen und in der Küche 3–5 Min. nachziehen lassen. Warm servieren.

GEFÜLLTE SCHWEINELENDE
MIT MANDELN, KOMPOTT UND APFELSIRUP

Das magere Fleisch der Schweinelende kann beim Grillen schnell austrocknen, deshalb wird sie mit einem fruchtig-saftigen Kompott gefüllt, das vor dem Trockenwerden schützt. Eine Extraportion Feuchtigkeit steuert ein köstlicher Apfelsirup bei.

FÜR 8 PERSONEN | ZUBEREITUNGSZEIT: ½ STD., PLUS 30–40 MIN. FÜR DEN SIRUP | GRILLZEIT: 38–50 MIN.
ZUBEHÖR: FLEISCHKLOPFER, KÜCHENGARN, DIGITALES FLEISCHTHERMOMETER

Für den Sirup
750 ml frisch gepresster Apfelsaft
4 EL Apfelessig
2 EL brauner Zucker

Für das Kompott
2 EL Butter
1 kleine Zwiebel, fein gewürfelt
1 EL fein gehackter Knoblauch
1 EL fein gehackter Ingwer
½ TL gemahlener Zimt
¼ TL gemahlener Piment
jeweils 5 EL getrocknete Kirschen, klein geschnittene
 getrocknete Aprikosen und getrocknete Cranberrys
4 EL Sultaninen
3 EL Apfelessig
125 ml Hühnerbrühe
60 ml frisch gepresster Apfelsaft
4 EL geröstete Mandelblättchen
naturreines grobes Meersalz
frisch gemahlener schwarzer Pfeffer

1 ½ kg Schweinelende (ausgelöstes Kotelettstück)
2 EL körniger Dijon-Senf
1 EL Olivenöl

1. Für den Sirup in einem mittelgroßen Topf Apfelsaft mit Essig und Zucker verrühren. Auf mittlerer bis hoher Stufe aufkochen, dann die Saftmischung auf mittlerer Stufe 30 bis 40 Min. köcheln lassen, bis sie auf etwa 180 ml sirupartig eingekocht ist. Beiseitestellen.

2. Für das Kompott in einer großen beschichteten Pfanne die Butter auf mittlerer bis hoher Stufe zerlassen. Zwiebel, Knoblauch und Ingwer darin unter gelegentlichem Rühren in 2–3 Min. weich dünsten. Zimt und Piment einstreuen und 30 Sek. ziehen lassen, bis sie duften. Kirschen, Apri-

kosen und Cranberrys zugeben und 2 Min. mitdünsten. Den Essig zugießen und in 30 Sek. verkochen lassen. Brühe und Apfelsaft zugießen und alles 5–6 Min. köcheln lassen, bis die Früchte schön prall sind und ein Großteil der Flüssigkeit verkocht ist. Die Pfanne vom Herd nehmen, die Mandeln unterrühren und das Kompott mit Salz und Pfeffer abschmecken. ¼ Std. abkühlen lassen.

3. Den Grill für direkte und indirekte starke Hitze (230–290 °C) vorbereiten.

4. Das Fleisch mit der Fettseite nach unten in der Mitte waagerecht so tief einschneiden (nicht durchschneiden!), dass Sie es wie ein Buch aufklappen können. Mit Frischhaltefolie abdecken und gleichmäßig flach klopfen.

5. Die Folie abziehen und die Fleischoberseite mit dem Senf bestreichen. Das Kompott der Länge nach in der Mitte verteilen, dann die beiden Fleischhälften zusammenklappen, sodass die Lende wieder ihre ursprüngliche Form erhält. Das Fleisch jeweils im Abstand von 5 cm quer mit Küchengarn zusammenbinden. Rundherum mit dem Öl einreiben und mit ½ TL Salz und ¼ TL Pfeffer würzen.

6. Den Grillrost mit der Bürste säubern. Die Lende über *direkter starker Hitze* bei geschlossenem Deckel 8–10 Min. anbraten und dabei gelegentlich wenden, bis sie auf der Ober- und Unterseite ein deutliches Grillmuster angenommen hat (Flammenbildung vermeiden, wenn die Seite mit der Fettauflage über der Glut liegt). Mit der Fettseite nach oben über *indirekter starker Hitze* bei geschlossenem Deckel 30–40 Min. weitergrillen, bis das Fleischthermometer eine Kerntemperatur von 60–63 °C anzeigt. Vom Grill auf ein Schneidbrett heben, locker in Alufolie einschlagen und in der Küche 10 Min. nachziehen lassen (die Kerntemperatur erhöht sich dabei um 2–5 °C). Quer in Scheiben schneiden und mit etwas Apfelsirup beträufelt warm servieren.

SCHWEINEBRATEN
MIT HASELNUSSKRUSTE UND ROSMARINMÖHREN

Ein Schweinebraten schmeckt auch ohne aromatisches Beiwerk gut, doch mit der schmackhaften Kruste aus Haselnüssen und Kräutern eignet er sich ganz besonders für eine Festtagseinladung. Da er in einem Bräter zubereitet wird, können Sie auch gleich die Möhren dazugeben und sie im Bratensaft mitgaren. Eine überaus aromatische Kombination, die ohne weitere Sauce auskommt und bei Tisch nur durch einen Spritzer Zitronensaft abgerundet wird.

FÜR 6 PERSONEN | ZUBEREITUNGSZEIT: 20 MIN. **| GRILLZEIT:** 1½ STD.
ZUBEHÖR: GRILLFESTER GROSSER BRÄTER, DIGITALES FLEISCHTHERMOMETER

Für den Braten
1¼ kg Schweinelende (ausgelöstes Kotelettstück)
1½ TL naturreines grobes Meersalz
1 TL frisch gemahlener schwarzer Pfeffer
100 g Haselnusskerne, geröstet, die Haut abgerubbelt,
    sehr fein gehackt
2 EL fein gehackter Rosmarin
2 EL fein gewürfelte Schalotten
1 Knoblauchzehe, fein gehackt
2 EL Olivenöl

Für die Möhren
500 g mittelgroße Möhren
1 EL Olivenöl
1 EL fein gehackter Rosmarin
½ TL naturreines grobes Meersalz
½ TL frisch gemahlener schwarzer Pfeffer

Zitronenspalten, zum Servieren

1. Die Lende auf allen Seiten mit Salz und Pfeffer würzen und vor dem Grillen 15–30 Min. Raumtemperatur annehmen lassen. Inzwischen in einer mittelgroßen Schüssel die Nüsse mit Rosmarin, Schalotten und Knoblauch mischen.

2. Den Grill für direkte und indirekte mittlere Hitze (175–230 °C) vorbereiten.

3. Den Grillrost mit der Bürste säubern. Die Schweinelende über *direkter mittlerer Hitze* 10–12 Min. auf beiden Seiten anbraten, dabei den Deckel möglichst oft geschlos-

sen halten, bis sie rundum ein deutliches Grillmuster angenommen hat (Flammenbildung vermeiden, wenn die Seite mit der Fettauflage über der Glut liegt). Vom Grill nehmen.

4. Das Fleisch oben und an den Seiten mit Öl bepinseln, dann die Haselnussmischung fest und gleichmäßig auf die Oberseite drücken. Das Fleisch mit der Nussseite nach oben wieder in den Bräter setzen und über *indirekter mittlerer Hitze* bei geschlossenem Grilldeckel ¾ Std. braten.

5. Inzwischen die Möhren in etwa 5 cm lange und 1¼ cm breite Stücke schneiden. In einer zweiten mittelgroßen Schüssel die Möhrenstücke mit Olivenöl, Rosmarin, Salz, und Pfeffer gleichmäßig vermischen. Nach ¾ Std. Garzeit der Schweinelende die Möhren um das Fleisch herum im Bräter verteilen und alles bei geschlossenem Grilldeckel etwa 15 Min. weiterbraten, bis das Fleisch eine Kerntemperatur von 60–62 °C erreicht hat. Den Braten auf einem Schneidbrett in die Küche bringen, locker in Alufolie einschlagen und etwa ¼ Std. nachziehen lassen (die Kerntemperatur erhöht sich in dieser Zeit noch um 2–5 °C).

6. Die Möhren im Bräter über *indirekter mittlerer Hitze* bei geschlossenem Grilldeckel 5–10 Min. weitergaren, dabei gelegentlich umrühren, bis sie weich und gebräunt sind. Den Bräter vom Grill nehmen und mit Alufolie verschließen, um die Möhren warm zu halten.

7. Den Schweinebraten quer in Scheiben schneiden und warm mit den Möhren servieren. Dazu Zitronenspalten zum Beträufeln der Möhren reichen.

AROMA
MIT BISS

SCHWEINEROLLBRATEN
MIT SPECK UND SCHALOTTEN GEFÜLLT

Mit der pikanten Füllung aus karamellisierten Schalotten und Speck bleibt der Lendenbraten schön saftig.
Der süßlich-würzige Senfsirup, mit dem Sie die Bratenscheiben überziehen, passt ideal dazu.

FÜR 8–10 PERSONEN | ZUBEREITUNGSZEIT: ½ STD. | GRILLZEIT: 50–60 MIN.
ZUBEHÖR: FLEISCHKLOPFER, KÜCHENGARN, DIGITALES FLEISCHTHERMOMETER

5 EL Ahornsirup
4 EL Dijon-Senf

Für die Füllung
6 Scheiben Frühstücksspeck
500 g Schalotten, in feine Scheiben geschnitten
6 Knoblauchzehen, in Scheiben geschnitten
2 TL Zucker
4 EL geriebener Parmesan
4 EL fein gehackte glatte Petersilie
naturreines grobes Meersalz
frisch gemahlener schwarzer Pfeffer

1 ¾ kg Schweinelende (ausgelöstes Kotelettstück)
1 EL Olivenöl

1. In einer kleinen Schüssel Ahornsirup und Senf glatt rühren. Bis zum Servieren beiseitestellen.

2. In einer großen beschichteten Pfanne den Speck in 6 bis 8 Minuten von allen Seiten knusprig braten. Auf Küchenpapier entfetten und etwas abkühlen lassen. Die gebratenen Speckscheiben auf einem Teller zerkrümeln.

3. Das Speckfett in der Pfanne bis auf 2 EL abgießen. Schalotten mit Knoblauch und Zucker in die Pfanne geben und auf mittlerer bis hoher Stufe 10–12 Min. karamellisieren lassen, bis sie schön gebräunt sind; ab und zu umrühren. Die Mischung in eine Schüssel geben und 5 Min. abkühlen lassen. Dann Parmesan, Petersilie, ¼ TL Salz und 1 Msp. Pfeffer unterrühren.

4. Zum Füllen das Fleisch mit der Fettseite nach unten auf die Arbeitsfläche legen und in der Mitte waagerecht so tief einschneiden (aber nicht durchschneiden!), dass Sie es wie ein Buch aufklappen können. Das Fleisch aufklappen, mit Frischhaltefolie abdecken und gleichmäßig flach klopfen.

5. Die Folie vom Fleisch abziehen. Die Fleischoberseite mit ¼ TL Salz und 1 Msp. Pfeffer würzen. Die Schalottenmischung auf dem Fleisch verstreichen und mit dem zerkrümelten Speck bestreuen. Das Fleisch aufrollen und im Abstand von 5 cm mehrmals quer mit Küchengarn zusammenbinden. Den Rollbraten rundherum mit Öl bepinseln und mit ½ TL Salz und ¼ TL Pfeffer würzen. Raumtemperatur annehmen lassen, während Sie den Grill vorbereiten.

6. Den Grill für direkte und indirekte starke Hitze (230–290 °C) vorbereiten.

7. Den Grillrost mit der Bürste säubern. Den Rollbraten über *direkter starker Hitze* 8–10 Min. von allen Seiten anbraten (Flammenbildung vermeiden, vor allem wenn die Fettseite über der Glut liegt), dabei den Grilldeckel aber möglichst oft geschlossen halten, bis rundum ein deutliches Grillmuster sichtbar ist. Anschließend den Braten mit der Fettseite nach oben über *indirekte starke Hitze* legen und bei geschlossenem Deckel 40–50 Min. weitergrillen, bis das in die Mitte eingestochene Fleischthermometer eine Kerntemperatur von 60–62 °C anzeigt. Den Braten vom Grill nehmen, auf einem Tranchierbrett in die Küche bringen, locker in Alufolie einschlagen und 10–15 Min. nachziehen lassen (die Kerntemperatur erhöht sich in dieser Zeit noch um 2–5 °C).

8. Das Küchengarn entfernen und den Braten quer in Scheiben schneiden. Jedes Bratenstück mit Senfsirup überziehen und warm servieren.

PIKANT GEFÜLLT

GESCHMORTE MINI-HAXEN
AUS DEM APFELRAUCH

Durch das langsame Schmoren auf dem Grill wird das ansonsten sehr kernige Fleisch der Haxen butterzart und nimmt einen einzigartigen Geschmack an. Bei diesem Essen wird jeder Tag zum Festtag.

FÜR 4 PERSONEN | ZUBEREITUNGSZEIT: 20 MIN. | MARINIERZEIT: ½ STD. | EINWEICHZEIT: ½–1 STD. | GRILLZEIT: 1¾–2 STD.
ZUBEHÖR: DUTCH OVEN (5–6 LITER INHALT), 2 HANDVOLL APFELHOLZ-CHIPS

4 frische (nicht geräucherte) Schweinehaxen (vom Vordereisbein; je 5 cm lang und 350–400 g schwer)

Für die Würzmischung
2 TL Kardamomsamen (zerstoßen), 2 TL getrockneter Thymian, 1 TL naturreines grobes Meersalz, ½ TL frisch gemahlener schwarzer Pfeffer und 1 Knoblauchzehe (fein gehackt), in einer kleinen Schüssel vermischt

Zum Räuchern
1 l frisch gepresster Apfelsaft (ersatzweise 100 % natur-trüber Direktsaft), 2 Zimtstangen (in Stücken), 2 Stern-anis (in Stücken), ¼ TL frisch geriebene Muskatnuss

Zum Schmoren
2 dicke Scheiben Räucherspeck (möglichst mit Apfelholz geräuchert), ½ cm groß gewürfelt
1 große Zwiebel, geviertelt, in feinen Scheiben
1 Stange Bleichsellerie, in ½ cm dicken Scheiben
3 EL Mehl
1 TL naturreines grobes Meersalz
½ TL frisch gemahlener schwarzer Pfeffer

Zum Garnieren
½ knackiger säuerlicher Apfel, entkernt, fein gewürfelt
1 Knoblauchzehe, fein gehackt
4 EL fein gehackte glatte Petersilie
1 TL frisch gepresster Zitronensaft

1. Die Mini-Haxen rundum mit der Würzmischung ein-reiben und bei Raumtemperaur ½ Std. ruhen lassen. In-zwischen in einem großen Topf Apfelsaft mit Zimtstangen, Sternanis und Muskat auf mittlerer bis hoher Stufe aufko-chen. Den Topf vom Herd nehmen, die Apfelholz-Chips einlegen und ½–1 Std. einweichen lassen. Den Saft durch ein feines Sieb in einen zweiten Topf gießen, Holz-Chips samt Gewürzen getrennt aufbewahren.

2. Den Grill für direkte und indirekte mittlere Hitze (175–230 °C) vorbereiten.

3. Den Grillrost mit der Bürste säubern. Die Chips mit den Gewürzen direkt auf die Glut oder nach Hersteller-anweisung in die Räucherbox des Gasgrills geben und den Grilldeckel schließen. Sobald Rauch entsteht, die Haxen mit der Hautseite nach unten über *direkter mittlerer Hitze* bei geschlossenem Deckel etwa ¼ Std. bräunen, dabei ein- bis zweimal wenden (bei Flammenbildung die Haxen vor-übergehend über indirekte Hitze legen). Vom Grill nehmen und beiseitestellen. Die Grilltemperatur auf mittlere bis starke Hitze (200–260 °C) erhöhen.

4. Den Dutch Oven über *direkte mittlere bis starke Hitze* stellen. Darin die Speckwürfel etwa 1 Min. auslassen, bis der Topfboden mit Fett überzogen ist. Zwiebel und Sellerie zufügen und unter häufigem Rühren in etwa 5 Min. etwas Farbe annehmen lassen. Mehl mit Salz und Pfeffer ein-streuen und unter Rühren 2 Min. anschwitzen. Den durch-gesiebten Apfelsaft zugießen und alles unter Rühren 2 Min. köcheln lassen, bis eine leicht dickliche Sauce entsteht.

5. Die Grilltemperatur auf schwache bis mittlere Hitze (150–175 °C) absinken lassen. Den Dutch Oven über *direk-te schwache bis mittlere Hitze* stellen und die gebräunten Haxen in die Sauce geben. Den Grilldeckel schließen und die Haxen im offenen Topf 1½–2 Std. schmoren, bis das Fleisch butterzart ist und vom Knochen fällt. In dieser Zeit die Haxen alle ¼ Std. im Topf umplatzieren, damit sie gleichmäßig garen. Die Grillhitze weiter reduzieren, sollte die Sauce zu stark kochen.

6. Vor dem Servieren die Zutaten zum Garnieren in einer kleinen Schüssel mischen. Die Mini-Haxen mit etwas Sauce auf einzelnen Tellern anrichten, mit der Apfelmischung garnieren und warm servieren.

UNVER-
GLEICHLICH
ZART

WEIHNACHTSGANS
MIT APFEL-MARONEN-BROT UND BRATENSAUCE

Die traditionelle Zubereitung eines weihnachtlichen Gänsebratens im Ofen lässt sich kaum übertreffenn – vielleicht aber doch mit diesem Rezept, in dem die Gans zu vollendeter Bräune gegrillt und zusätzlich vom mild fruchtigen Aroma des Apfelholzes durchdrungen wird. Die über Nacht im Kühlschrank getrocknete Haut der Gans lässt aufgrund ihrer geöffneten Poren nicht nur das Fett besser austreten, sondern wird auch herrlich knusprig. Die Füllung der Gans, die Sie hier möglicherweise vermissen, ist das Apfel-Maronen-Brot. Es wird separat gegrillt, da es ansonsten zu stark die Raucharomen aufnehmen würde.

FÜR 6 PERSONEN | ZUBEREITUNGSZEIT: 1½ STD. | **PÖKELZEIT:** 12–18 STD. | **GRILLZEIT:** 3 STD.
ZUBEHÖR: KÜCHENBEIL, HOLZZAHNSTOCHER ODER KLEINE METALLSPIESSE, GROSSER GRILLFESTER BRÄTER AUS METALL MIT GITTEREINSATZ,
6 GROSSE HANDVOLL APFELHOLZ-CHIPS, DIGITALES FLEISCHTHERMOMETER, BRATENSPRITZE, ALU-EINWEGSCHALE (20 X 20 CM)

1 küchenfertige Gans mit beigelegten
   Innereien (4½ –5½ kg)

Zum Würzen

4 TL naturreines grobes Meersalz
1 TL frisch gemahlener schwarzer Pfeffer
180 g Zwiebeln, grob gewürfelt
1 mittelgroßer säuerlicher Apfel (etwa 200 g;
   z. B. Boskop), Kerngehäuse entfernt, grob gewürfelt
4 große Zweige Thymian

Für das Brot

4 EL Butter, plus Butter für die Aluschale
naturreines grobes Meersalz
frisch gemahlener schwarzer Pfeffer
300 g Zwiebeln, gewürfelt
80 g getrocknete Apfelringe,
   grob gehackt
150 g geröstete, geschälte Maronen (ersatzweise gegarte,
   geschälte Maronen vakuumverpackt), grob gehackt
300 g leicht altbackenes Roggenbrot,
   in ½–1cm große Würfel geschnitten
1½ EL gehackter Majoran
300 ml Gänsefond (Fertigprodukt), plus Fond nach Bedarf

Für die Sauce

50 g Mehl
120 ml Apfel-Cidre (oder 60 ml trockener
   Weißwein mit 60 ml frisch gepresstem
   Apfelsaft vermischen)
630 ml Gänsefond (Fertigprodukt)
naturreines grobes Meersalz
frisch gemahlener schwarzer Pfeffer

1. Am Vortag die Gans vorbereiten. Das Gänseklein (Innereien und Leber) aus der Bauchhöhle nehmen, die Innereien bis auf die Leber wegwerfen. Die sichtbaren Fettbrocken an der unteren Öffnung der Gans vollständig herauslösen, die Fettdrüse (Bürzel) abschneiden und wegwerfen. Mit dem Küchenbeil die Flügelspitzen am Gelenk abtrennen und wegwerfen. Gänsefett und Leber luftdicht in Gefrierbeutel verpacken und kalt stellen.

2. Zum Würzen der Gans in einer kleinen Schüssel 4 TL Salz mit 1 TL Pfeffer mischen. Die Gans außen und innen damit einreiben, auf dem Gittereinsatz des Bräters auf ein Backblech setzen und nicht abgedeckt 12–18 Std. in den Kühlschrank stellen.

3. Die Gans 1¼ Std. vor dem Grillen aus dem Kühlschrank nehmen. Wenn die Haut der Gans jetzt sehr trocken und gespannt aussieht, ist das genau richtig. Sie wird auf dem Grill umso knuspriger werden. Die Gans also auf keinen Fall mit Wasser abbrausen. Die Bauchhöhle mit den Zwiebel- und Apfelwürfeln sowie Thymianzweigen füllen und die Öffnung mit Holzzahnstochern oder kleinen Metallspießen verschließen. Mit einer Fleischgabel die Haut der Gans mehrmals einstechen (ohne das darunterliegende Fleisch zu verletzen), damit das Fett während des Grillens gut austreten kann; auch die Fettschicht unter der Brust- und Keulenhaut einstechen. Die Gans bis zum Grillen bei Raumtemperatur beiseitestellen.

4. Die Apfelholz-Chips vor dem Grillen mind. ½ Std. in kaltem Wasser einweichen. Inzwischen den Grill für indirekte schwache bis mittlere Hitze (etwa 175 °C) vorbereiten.

5. Die Gans mit der Brustseite nach unten auf dem Gittereinsatz in den Bräter setzen. Das kalt gestellte Gänsefett in den Bräter geben und 250 ml kochend heißes Wasser in den Bräter gießen.

6. Von den Holz-Chips 2 Handvoll abtropfen lassen und direkt auf die Glut oder nach Herstelleranweisung in die Räucherbox des Gasgrills geben. Den Grilldeckel schließen. Sobald die Chips rauchen, den Bräter über *indirekte schwache bis mittlere Hitze* stellen und die Gans bei geschlossenem Grilldeckel 1 Std. braten, dabei die Temperatur konstant bei 175 °C halten (siehe S. 109, Step 1). Nach ½ Std. erneut 2 Handvoll Holz-Chips abtropfen lassen und auf die Glut oder in die Räucherbox geben (siehe S. 109, Step 2).

7. Nach 1 Std. Grillzeit die Haut auf dem Rücken erneut mit der Fleischgabel einstechen. Mit der Bratenspritze das angesammelte Gänsefett im Bräter abnehmen und aufbewahren. Ziehen Sie jetzt Grillhandschuhe an und drehen Sie mit zwei Grillzangen die Gans auf den Rücken. Erneut 2 Handvoll Holz-Chips abtropfen lassen und auf die Glut oder in die Räucherbox geben. Die Gans etwa 2 Std. bei geschlossenem Grilldeckel weitergrillen und räuchern, dabei jede ½ Std. die Haut auf der Oberseite mit der Fleischgabel einstechen, bis sie gold- bis dunkelbraun ist und das in die dickste Stelle eines Schenkels eingestochene Fleischthermometer (ohne den Knochen zu berühren) 75–80 °C anzeigt. Sollte die Gänsebrust zu rasch bräunen, während der letzten Grillstunde die Brust mit Alufolie abdecken.

8. Inzwischen das Apfel-Maronen-Brot zubereiten. Die Einweg-Aluschale mit Butter ausfetten. In einer großen Pfanne 1 EL Butter auf mittlerer bis hoher Stufe schmelzen lassen. Die Gänseleber aus dem Kühlschrank nehmen, mit Küchenpapier trockentupfen und mit ¼ TL Salz und 1 Msp. Pfeffer würzen. In der heißen Butter von beiden Seiten jeweils etwa 1 Min. braten, bis Ober- und Unterseite gebräunt sind und die Leber halb durch (medium rare) ist. Die Leber auf keinen Fall übergaren! Aus der Pfanne nehmen und auf einem Teller abkühlen lassen.

9. Die übrigen 3 EL Butter in derselben Pfanne auf mittlerer bis hoher Stufe zerlassen und die Zwiebelwürfel darin in 10 Min. unter gelegentlichem Rühren goldgelb dünsten. Zwiebelwürfel in eine große Schüssel geben. Die abgekühlte

Leber in gut 1 cm große Stücke schneiden und ebenfalls in die Schüssel geben. Apfelringe, Maronen, Brotwürfel und Majoran untermischen und 300 ml Gänsefond unterrühren. Mit ½ TL Salz und ¼ TL Pfeffer würzen. Die Masse sollte gut durchfeuchtet, aber nicht nass sein. Rühren Sie bei Bedarf in kleinen Mengen weiteren Gänsefond unter. Die Brotmasse in der gefetteten Aluschale verteilen, die Schale mit Alufolie verschließen und bis zum Grillen in den Kühlschrank stellen.

10. Den Bräter mit der Gans vorsichtig vom Grill nehmen und in die Küche bringen. Die Gans auf ein Tranchierbrett heben, mit Alufolie abdecken und 20–30 Min. nachziehen lassen. Das Bratfett im Bräter aufbewahren.

11. Inzwischen die Aluschale mit der Brotmasse über *indirekte schwache bis mittlere Hitze* stellen, die Folie abnehmen und die Brotmasse bei geschlossenem Grilldeckel 20–25 Min. grillen, bis sie durch und durch heiß und auf der Oberseite etwas knusprig ist (siehe S. 109, Step 3). Vom Grill nehmen.

12. Während das Apfel-Maronen-Brot auf dem Grill ist, die Sauce zubereiten. Dafür das Bratfett im Bräter zu dem in Schritt 7 abgenommenen Fett geben. Die festen Bratrückstände im Bräter lassen. Den Apfel-Cidre in einen großen Messbecher gießen und auf 750 ml mit dem Gänsefond aufgießen. Von dem Bratfett 5 EL abnehmen.

13. Die 5 EL Fett in den Bräter geben und auf dem Herd auf mittlerer Stufe erhitzen. Das Mehl im heißen Fett unter Rühren mit einem Schneebesen 1–2 Min. anschwitzen, bis es glatt ist. Den Cidre-Gänsefond angießen, unter häufigem Rühren mit dem Schneebesen auf mittlerer Stufe zum Köcheln bringen und 3–5 Min. bis zur gewünschten Konsistenz einköcheln lassen. Die Temperatur auf kleine Stufe stellen und die Sauce unter häufigem Rühren 5 Min. sanft köcheln lassen. Die Sauce mit Salz und Pfeffer abschmecken und in eine Saucière gießen.

14. Die Gans tranchieren (siehe S. 109, Step 4); gegebenenfalls müssen Sie mit den Händen die Keulen aus dem Gelenk drehen. Schützen Sie Ihre Hände dabei mit einem sauberen Küchentuch. Den tranchierten Braten warm mit der Sauce und dem Apfel-Maronen-Brot servieren.

WEIHNACHTSGANS MIT APFEL-MARONEN-BROT UND BRATENSAUCE

1. GRILLFESTER BRÄTER

Die Gans wird in einem grillfesten Bräter mit Gittereinsatz zubereitet. Das hat den Vorteil, dass das während des Grillens austretende Gänsefett in den Bräter abtropfen kann. Den Gänsebraten zunächst mit der Brustseite nach unten in den Bräter setzen; nach 1 Std. Grillzeit wird die Gans auf den Rücken gedreht.

4. TRANCHIEREN

Den fertigen Gänsebraten in einzelne Portionen schneiden. Das gelingt am besten mit einer stabilen Geflügelschere oder einem scharfen schweren Messer.

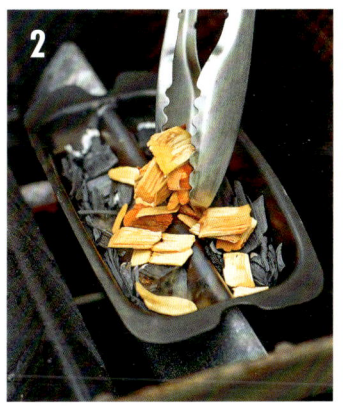

2. RÄUCHERN IM GASGRILL

Manche Gasgrills sind mit einer eingebauten Räuchereinheit ausgestattet, in die die Holz-Chips hineingegeben werden. Andernfalls wird die aus Edelstahl gefertigte Räucherbox mit den Chips auf den Rost oder die Aromaschienen (Flavorizer Bars) des Gasgrills gestellt.

3. DIE FÜLLUNG SEPARAT ZUBEREITEN

Das Apfel-Maronen-Brot wird in einer gebutterten Einweg-Aluschale separat über schwacher bis mittlerer Hitze gegrillt, bis es schön heiß und auf der Oberseite etwas knusprig ist.

TIPP
Heiße Fonds können mit einem Fetttrenner ganz einfach entfettet werden. Da Fett oben schwimmt, kann die Flüssigkeit durch den tief angebrachten Ausguss fettfrei abgegossen werden.

ENTENBRATEN
MIT HONIGGLASUR UND APFEL-MARONEN-FÜLLUNG

Verwenden Sie für dieses Rezept am besten eine Flug- bzw. Barberie-Ente, die in der Zubereitung weniger anspruchsvoll ist als die fettreichere Pekingente. Flugenten dürfen nicht übergart werden, da das Fleisch sonst einen leichten unerwünschten Wildgeschmack annimmt.

FÜR 4 PERSONEN | ZUBEREITUNGSZEIT: 40 MIN. | MARINIERZEIT: 2–24 STD. | GRILLZEIT: 1¼ STD.
ZUBEHÖR: BRÄTER, EINWEG-ALUSCHALE, GROSSE GELOCHTE GRILLPFANNE, DIGITALES FLEISCHTHERMOMETER

Für die Ente
1 küchenfertige Ente (Flug- oder Barberie-Ente;
  etwa 2 kg), überschüssiges Fett entfernt
2 EL naturreines grobes Meersalz
2 TL frisch gemahlener schwarzer Pfeffer

Für die Füllung
½ mittelgroße Zwiebel, quer in 2½ cm dicke
  Scheiben geschnitten
2 Stangen Bleichsellerie, geputzt, quer halbiert
1 säuerlicher Apfel, in Achtel geschnitten, entkernt
2 TL Öl
500 ml Hühnerbrühe
12 gegarte, geschälte Maronen, grob gehackt
1 TL Geflügelgewürz
½ TL naturreines grobes Meersalz

Für die Glasur
4 EL Honig
4 EL Apfelessig
1 TL Geflügelgewürz
1 TL naturreines grobes Meersalz
½ TL frisch gemahlener schwarzer Pfeffer

1. Die Ente innen und außen mit Salz und Pfeffer würzen. In den Bräter legen und abgedeckt mind. 2 Std. oder bis zu 24 Std. in den Kühlschrank stellen.

2. Den Grill für indirekte und direkte mittlere Hitze (175–230 °C) vorbereiten. Die Einweg-Aluschale auf die leere Seite des Kohlerosts unter den Grillrost stellen.

3. Den Grillrost mit der Bürste säubern. Die Ente mit der Brust nach unten auf den Grillrost über die Tropfschale legen und über *indirekter mittlerer Hitze* bei geschlossenem Deckel 15–20 Min. grillen, bis die Haut der Entenbrust gebräunt ist. Die Ente vom Grill nehmen und zunächst beiseitestellen. Die gelochte Grillpfanne über direkter Hitze etwa 10 Min. vorheizen.

4. Für die Füllung Zwiebel, Selleriestangen und Apfelspalten mit dem Öl bepinseln. Die Zutaten in der vorgeheizten Grillpfanne verteilen und über *direkter mittlerer Hitze* etwa 10 Min. grillen, bis sie etwas gebräunt sind, dabei ein- bis zweimal wenden. Vom Grill nehmen.

5. In einem großen Topf die Brühe auf mittlerer bis hoher Stufe aufkochen. Maronen, Geflügelgewürz und Salz in die Brühe geben. Gegrillte Zwiebel, Sellerie und Apfelspalten in 1 cm dicke Stücke schneiden und ebenfalls in die Brühe geben. 10–15 Min. unter häufigem Rühren köcheln lassen, bis die Gemüse- und Apfelstücke weich sind und ein Großteil der Flüssigkeit verkocht ist.

6. In die Bauchhöhle der Ente die Füllung geben. Die Ente zurück über *indirekte mittlere Hitze* legen und bei geschlossenem Deckel 10 Min. grillen.

7. In einer kleinen Schüssel die Zutaten für die Glasur kräftig verrühren.

8. Die Ente auf dem Grill großzügig mit Glasur bepinseln, den Deckel wieder schließen und die Ente weitere 50 bis 60 Min. grillen, bis das in die dickste Stelle eines Schenkels eingestochene Fleischthermometer (ohne den Knochen zu berühren) eine Kerntemperatur von 75–80 °C anzeigt. In dieser Zeit die Ente noch zweimal mit Glasur bepinseln.

9. Die Ente auf einem Tranchierbrett in die Küche bringen und 10 Min. ruhen lassen. Die Füllung aus der Bauchhöhle entfernen und die Ente wie ein Hähnchen tranchieren. Die Ententeile warm mit der Füllung als Beilage servieren.

PERFEKT
GEGRILLT

GERÄUCHERTER TRUTHAHN
MIT GEGRILLTEM PFLAUMEN-WURSTBRÄT

Ein auf dem Grill zubereiteter Truthahn schmeckt noch großartiger, wenn Sie ihn während des Grillens auch räuchern. Ob der Vogel goldbraun und saftig gelingt, hängt immer auch davon ab, ob Sie im Grill eine gleichmäßige Temperatur halten können und den Vogel zum richtigen Zeitpunkt vom Grill nehmen. Decken Sie das Brustfleisch frühzeitig mit Alufolie ab, damit es nicht übergart und trocken wird.

FÜR 8–10 PERSONEN | ZUBEREITUNGSZEIT: 50 MIN. | **PÖKELZEIT:** 12–18 STD. | **RUHEZEIT:** 1 STD. | **GRILLZEIT:** ETWA 3 STD.
ZUBEHÖR: KLEINER HOLZ- ODER METALLSPIESS, KÜCHENGARN, 4 GROSSE HANDVOLL APFELHOLZ-CHIPS, GRILLFESTER GROSSER BRÄTER MIT GITTEREINSATZ ODER 3 GROSSE EINWEG-ALUSCHALEN (INEINANDERGESTELLT), DIGITALES FLEISCHTHERMOMETER, SEHR GROSSE EINWEG-ALUSCHALE FÜR DIE FÜLLUNG (ETWA 36 X 16 X 5 CM), FETTTRENNER

1 großer küchenfertiger Truthahn mit beigelegten
   Innereien (5 ½–6 kg)
2 EL naturreines grobes Meersalz
2 TL frisch gemahlener schwarzer Pfeffer
3 mittelgroße Zwiebeln, getrennt fein gewürfelt
8 große Zweige Thymian
4 EL Butter, zerlassen
500 ml Hühnerbrühe (nach Bedarf)

Für das Brät
180 g entsteinte Trockenpflaumen, 1 cm groß gewürfelt
125 ml Portwein (Tawny oder Ruby), erwärmt
1 EL Olivenöl
350 g frische Schweinsbratwurst mit Kräutern, das Brät
   aus der Pelle gedrückt (ersatzweise mischen Sie
   normales Schweinsbrät mit 2 TL gehacktem Thymian
   und 1 TL gehacktem Rosmarin)

4 EL Butter
1 EL weiche Butter zum Fetten
1 kleine Zwiebel, fein gewürfelt
2 mittelgroße Stangen Bleichsellerie, fein gewürfelt
400 g grob geriebene Vollkornbrösel (aus leicht
   altbackenem Brot in der Küchenmaschine hergestellt)
1 EL fein gehackter Rosmarin
250–375 ml Hühnerbrühe
1 TL naturreines grobes Meersalz
½ TL frisch gemahlener schwarzer Pfeffer

Für die Bratensauce
75 g Mehl
250–750 ml Hühnerbrühe (nach Bedarf)
zerlassene Butter (nach Bedarf)
naturreines grobes Meersalz (nach Belieben)
¼ TL frisch gemahlener schwarzer Pfeffer

1. Den Truthahn am Vortag vorbereiten. Dafür den Hals entfernen, die Innereien herausnehmen und überschüssiges Fett wegschneiden. Bis auf die Leber alles in einer abgedeckten Schüssel bis zum nächsten Tag in den Kühlschrank stellen. Leber anderweitig zubereiten.

2. In einer kleinen Schüssel Salz und Pfeffer mischen und den Truthahn innen und außen damit würzen. Den Truthahn auf einem Gitter in eine Fettpfanne setzen und nicht abgedeckt 12–18 Std. kalt stellen.

3. Den Truthahn am nächsten Tag aus dem Kühlschrank nehmen. Wenn die Haut jetzt sehr trocken und gespannt aussieht, ist das genau richtig. Den Vogel also auf keinen Fall mit Wasser abbrausen. In einer kleinen Schüssel 1 klein gewürfelte Zwiebel mit den Thymianzweigen mischen und etwas davon in die Halsöffnung des Truthahns geben. Die Halsöffnung mit dem kleinen Holz- oder Metallspieß verschließen. Die Bauchhöhle mit der restlichen Zwiebel-Thymian-Mischung füllen. Die Truthahnschenkel locker mit Küchengarn zusammenbinden, die Flügel am Körper festbinden. Den Truthahn von allen Seiten mit der zerlassenen Butter bestreichen und vor dem Grillen 1 Std. Raumtemperatur annehmen lassen.

4. Die Apfelholz-Chips mind. ½ Std. in kaltem Wasser einweichen. Inzwischen den Grill für indirekte schwache bis mittlere Hitze (165–175 °C) vorbereiten.

5. Den Truthahn mit der Brust nach unten auf dem Gittereinsatz in den Bräter setzen (es macht nichts, wenn dabei ein paar Zwiebelwürfel aus der Bauchhöhle fallen). Die kalt gestellten Innereien, den Hals, das abgeschnittene Fett und die restlichen Zwiebelwürfel um den Truthahn herum verteilen und 500 ml Brühe in den Bräter gießen.

6. Die Hälfte der Holz-Chips abtropfen lassen und direkt auf die Glut oder nach Herstelleranweisung in die Räucherbox des Gasgrills geben. Den Bräter auf den Grillrost stellen und den Truthahn über *indirekter schwacher bis mittlerer Hitze* bei geschlossenem Deckel eine ¾ Std. grillen. Den Truthahn wenden, sodass die Brust oben liegt, und das Brustfleisch (aber nicht Flügel und Schenkel) mit Alufolie abdecken. Die restlichen Holz-Chips auf die Glut oder in die Räucherbox geben. Beim Grillen mit Holzkohle nicht vorgeglühte Briketts nachlegen und den Grilldeckel 5 Min. offen lassen, bis sie brennen. Den Truthahn bei geschlossenem Deckel 2¼–2¾ Std. weitergrillen und nach Bedarf

von Zeit zu Zeit Briketts nachlegen, bis er dunkel goldbraun ist und das in die dickste Stelle eines Schenkels eingestochene Fleischthermometer (ohne den Knochen zu berühren) eine Kerntemperatur von 75 °C anzeigt. Während der letzten Stunde Grillzeit die Alufolie von der Truthahnbrust abnehmen. Sollten die Flügelspitzen oder Enden der Schenkel zu dunkel werden, mit noch nicht verwendeter Alufolie abdecken. Wenn Fleischsaft und Fett im Bräter im Laufe der Grillzeit zu stark einkochen oder dunkelbraun werden, 250 ml Wasser angießen und nach Bedarf hin und wieder weiteres Wasser zugeben.

8. Inzwischen das Brät zubereiten. In einer kleinen Schüssel die Trockenpflaumen im warmen Portwein ½ Std. einweichen, bis sie schön prall sind.

9. In einer großen Pfanne das Öl auf mittlerer bis hoher Stufe erhitzen. Das Wurstbrät in der Pfanne etwa 10 Min. braten, bis es leicht gebräunt ist, dabei mit einem Holzlöffel häufig umrühren und das Brät gleichmäßig zerteilen. Brät samt Bratfett in eine große Schüssel geben. Die Pfanne zurück auf mittlere Stufe stellen und 4 EL Butter darin zerlassen. Zwiebel- und Selleriewürfel unter ▶

gelegentlichem Rühren 5 Min. in der Pfanne dünsten, bis sie weich sind. Zum Brät in die große Schüssel geben. Die eingeweichten Trockenpflaumen abgießen, den Portwein auffangen und beiseitestellen. Pflaumen, Vollkornbrösel und Rosmarin zum Wurstbrät geben und die Zutaten gleichmäßig vermischen. 250 ml Brühe unterrühren und nach Bedarf weitere Brühe in kleinen Mengen zufügen, bis die Masse durch und durch feucht, aber nicht nass ist. Mit 1 TL Salz und ½ TL Pfeffer würzen. Die sehr große Aluschale mit der weichen Butter fetten und das Pflaumen-Wurstbrät gleichmäßig in der Schale verteilen. Mit Alufolie verschließen und bis zum Grillen kalt stellen.

10. Den Truthahn im Bräter vorsichtig vom Grill nehmen und in die Küche bringen. Den Vogel behutsam kippen, damit der in der Bauchhöhle angesammelte Fleischsaft in den Bräter laufen kann. Truthahn auf ein Tranchierbrett heben, locker mit Alufolie abdecken und 30 Min. nachziehen lassen. Den Bräter mit dem Bratenfond beiseitestellen. Die Temperatur im Grill auf indirekte mittlere Hitze (175 bis 200 °C) erhöhen.

11. Die Aluschale mit dem Wurstbrät aus dem Kühlschrank nehmen und über *indirekte mittlere Hitze* stellen. Die Alufolie nicht abnehmen. Den Deckel schließen und das Brät 15 Min. grillen. Die Folie abnehmen und bei

geschlossenem Deckel weitere 15–20 Min. grillen, bis es durch und durch heiß, gebräunt und oben leicht knusprig ist. Vom Grill nehmen und abgedeckt warm halten.

12. Inzwischen die Bratensauce zubereiten. Mit einem Holzlöffel so viel Bratensatz wie möglich vom Boden des Bräters lösen (sollte Sie den Truthahn in der Aluschale zubereitet haben, die Schale nicht beschädigen). Den Bratenfond in den Fetttrenner gießen, feste Bestandteile wegwerfen, und 2–3 Min. stehen lassen, bis das Fett an die Oberfläche gestiegen ist. Den Bratensaft in einen Messbecher (mind. 1 l Inhalt) gießen, den beiseitegestellten Portwein zugießen und mit Hühnerbrühe bis auf 1 l aufgießen. 125 ml Truthahnfett abmessen und bei Bedarf mit zerlassener Butter auffüllen.

13. In einem mittelgroßen Topf mit schwerem Boden das flüssige Fett auf mittlerer Stufe erhitzen. Das Mehl unter ständigem Rühren 1 Min. im heißen Fett anschwitzen. Nach und nach die Portweinbrühe unterrühren und die Sauce auf mittlerer Stufe etwa 5 Min. unter häufigem Rühren dicklich einkochen lassen. Nach Belieben mit etwas Salz und mit ¼ TL Pfeffer würzen.

14. Den Truthahn tranchieren und warm mit der Bratensauce und dem Pflaumen-Wurstbrät als Beilage servieren.

WORAN SIE EINEN GUTEN
Für einen Festtagsvogel wie diesen sollten Sie stets nur allerbeste Qualität wählen und den Truthahn rechtzeitig beim Metzger, Geflügelhändler oder Züchter Ihres Vertrauens vorbestellen.

TRUTHAHN ERKENNEN
Achten Sie beim Kauf des Vogels darauf, dass die Haut weder dunkle Stellen hat, noch irgendwie beschädigt ist. Auch der Geruch sagt etwas über die Qualität, denn ein frischer Truthahn riecht nicht und seine Haut ist kaum feucht.

CHINESISCHE ENTENKEULEN
MIT PFLAUMEN-INGWER-GLASUR

Ente auf dem Speisezettel muss nicht automatisch Entenbrust bedeuten. Probieren Sie doch mal das um ein Vielfaches reichhaltigere und geschmacksintensivere Fleisch von Entenkeulen. Grillen Sie die Keulen über mäßiger indirekter Hitze, damit das Fett langsam schmelzen kann, während die Haut kross und braun wird.

FÜR 4–6 PERSONEN | ZUBEREITUNGSZEIT: ¼ STD. | GRILLZEIT: 1½ –1¾ STD.

Für die Glasur
150 g Pflaumenmus
2 EL Hoisin-Sauce (chinesische Würzsauce)
2 EL Sojasauce
1 EL fein gehackter Ingwer
1 EL Mirin (süßer Reiswein)

Für die Würzmischung
2 EL brauner Zucker
1 EL naturreines grobes Meersalz

KNUSPER-
GENUSS

2 TL chinesisches Fünf-Gewürze-Pulver
1 TL frisch gemahlener schwarzer Pfeffer

8 Entenkeulen mit Haut (je 200–250 g),
    überschüssiges Fett entfernt

1. Den Grill für indirekte mittlere Hitze (175–230 °C) vorbereiten.

2. In einem kleinen Topf die Zutaten für die Glasur vermengen und auf mittlerer bis hoher Stufe unter Rühren erwärmen und dann aufkochen lassen. Die Temperatur auf mittlere Hitze reduzieren und die Glasur 1 Min. köcheln lassen. Den Topf vom Herd nehmen und beiseitestellen.

3. In einer kleinen Schüssel die Zutaten für die Würzmischung vermengen und die Entenkeulen gleichmäßig mit den Gewürzen einreiben. Die Keulen mit der Hautseite nach oben über *indirekter mittlerer Hitze* bei geschlossenem Deckel 1½–1¾ Std. grillen, bis das Entenfleisch zart und die Haut schön gebräunt und knusprig ist. Halten Sie die Grilltemperatur über den gesamten Zeitraum möglichst konstant bei 175 °C. Während der letzten 20 Min. Grillzeit die Entenkeulen alle 5 Min. mit der Pflaumen-Ingwer-Glasur bestreichen und den Deckel danach immer wieder schließen. Vom Grill nehmen und 3–5 Min. ruhen lassen. Warm servieren.

GERÄUCHERTER LACHS
MIT ORANGEN-INGWER-SAUCE

Mit der Orangen-Ingwer-Sauce wird das Lachsfilet während des Räucherns bestrichen, und mit der restlichen Sauce das gedünstete Blattgemüse verfeinert. Wenn Sie das Räucherbrett vom Grill genommen haben, sollten Sie auch den Fisch sofort herunternehmen, da er sonst auf dem heißen Brett weitergart.

FÜR 6 PERSONEN | WÄSSERN DES RÄUCHERBRETTS: 1 STD. | **ZUBEREITUNGSZEIT:** ¼ STD. | **GRILLZEIT:** ETWA ½ STD.
ZUBEHÖR: GROSSES RÄUCHERBRETT AUS ZEDERNHOLZ (40 X 19½ CM) ODER 2 KLEINE RÄUCHERBRETTER (30 X 15 CM)

Für die Sauce
2 EL Olivenöl
1 EL frisch gepresster Orangensaft
1 EL Sojasauce
2½ TL frisch geriebener Ingwer
1 TL fein gewürfelter Knoblauch
1 TL fein abgeriebene Schale von 1 Bio-Orange

1 ganzes Lachsfilet mit Haut (1–1¼ kg), entgrätet
Olivenöl
naturreines grobes Meersalz
frisch gemahlener schwarzer Pfeffer

Für das Gemüse
1 EL Olivenöl
1 kg Grünkohlblätter, harte Blattrippen entfernt,
  in große mundgerechte Stücke gezupft
225 g Blattspinat, harte Stiele entfernt
¼ TL naturreines grobes Meersalz

1. Das Räucherbrett mind. 1 Std. wässern. Inzwischen in einer kleinen Schüssel die Zutaten für die Sauce verrühren. Zum Bestreichen des Lachsfilets 2 EL von der Sauce abnehmen und beiseitestellen. Den Grill für direkte und indirekte starke Hitze (230–290 °C) vorbereiten.

2. Das Lachsfilet auf beiden Seiten mit Olivenöl bestreichen. Die Fleischseite des Filets salzen und pfeffern. Das Räucherbrett aus dem Wasser nehmen, sofort (ohne den Lachs) auf dem Grillrost über *direkte starke Hitze* legen und den Grilldeckel schließen. Wenn sich nach 3–5 Min. Rauch entwickelt und das Brett an den Rändern leicht angekohlt ist (achten Sie darauf, dass das Brett nicht Feuer fängt), das Brett umdrehen und über indirekte Hitze legen. Das Lachsfilet mit der Hautseite nach unten auf die angekohlte Seite des Bretts legen. (Die beiden kleinen Bretter so aneinander-

legen, dass der Lachs darauf sicher Platz hat.) Den Lachs über *indirekter starker Hitze* bei geschlossenem Grilldeckel 25–30 Min. räuchern, bis das Fischfleisch im Kern nur noch leicht rosa ist und die Ränder gebräunt sind. Die Oberseite des Filets ab und zu mit der beiseitegestellten Sauce bestreichen. Inzwischen das Gemüse zubereiten.

3. In einer weiten tiefen Pfanne das Öl auf mittlerer bis hoher Stufe erhitzen. Den Grünkohl darin 1–2 Min. unter gelegentlichem Wenden mit einer Küchenzange dünsten, bis die Blätter etwas zusammenfallen. Bei Bedarf 2 TL Wasser zufügen. Den Spinat dazugeben und das Gemüse unter häufigem Wenden 2 Min. weiterdünsten, bis auch die Spinatblätter etwas zusammengefallen sind. Die Orangen-Ingwer-Sauce unterrühren und das Gemüse salzen.

4. Wenn der Lachs fertig ist, das Räucherbrett vom Grill nehmen und das Filet mit zwei Grillwendern vorsichtig vom Räucherbrett heben. In Einzelportionen schneiden und warm mit dem Blattgemüse servieren.

GEFÜLLTER WOLFSBARSCH
MIT ORANGENNOTEN UND PISTAZIEN-COUSCOUS

Das feste Fleisch des Wolfbarsches mit seinem feinen Geschmack wird durch die dezenten Rauchnoten, die sich beim Grillen entwickeln, zusätzlich bereichert. Die Einschnitte lassen die Fische gleichmäßiger garen, und sorgfältiges Einölen verhindert, dass sie am Grillrost haften bleiben. Verwenden Sie bei der Zubereitung am besten ein fruchtiges, körperreiches Olivenöl bester Qualität.

FÜR 4 PERSONEN | ZUBEREITUNGSZEIT: 25 MIN. | GRILLZEIT: 30–40 MIN.
ZUBEHÖR: 2 HOLZSPIESSE MITTLERER LÄNGE (MIND. ½ STD. GEWÄSSERT)

Für den Fisch

2 ganze Wolfsbarsche (je 700–900 g), küchenfertig
  vorbereitet, entgrätet, geschuppt, Flossen entfernt
2 EL Olivenöl
¾ TL naturreines grobes Meersalz
½ TL frisch gemahlener schwarzer Pfeffer
1 kleine Bio-Orange, in dünne Scheiben geschnitten
20 g Koriandergrün
1 mittelgroße Schalotte, in feine Scheiben geschnitten

Für die Sauce

4 EL frisch gepresster Orangensaft
1 EL frisch gepresster Zitronensaft
¼ TL naturreines grobes Meersalz
1 Msp. frisch gemahlener schwarzer Pfeffer
80 ml Olivenöl
2 EL fein gehackte Korianderblätter
2 EL fein gewürfelte Schalotten

Für den Couscous

1 Lorbeerblatt
½ TL naturreines grobes Meersalz
170 g Couscous
60 g geröstete Pistazienkerne, grob gehackt

1. Den Grill für indirekte mittlere Hitze (175–230 °C) vorbereiten.

2. Die Fische außen auf beiden Seiten im Abstand von 2 ½ cm dreimal schräg ½ cm tief einschneiden, anschließend innen und außen mit dem Olivenöl einpinseln und mit Salz und Pfeffer würzen. In die Bauchhöhlen jeweils Orangenscheiben, Koriandergrün und Schalottenscheiben legen. Die offene Unterseite der Fische jeweils mit einem Holzspieß verschließen.

3. Die Fische über *indirekter mittlerer Hitze* bei geschlossenem Deckel 30–40 Min. ohne zu wenden grillen. Sie sind gar, wenn das durch die Einschnitte sichtbare Fleisch nahe der Mittelgräte nicht mehr glasig, aber noch saftig ist. Vom Grill nehmen und 2 Min. ruhen lassen. Spieße entfernen.

4. Inzwischen für die Sauce in einer kleinen Schüssel den Orangen- und Zitronensaft mit Salz und Pfeffer verrühren, bis sich das Salz aufgelöst hat. Nach und nach das Öl unterschlagen, dann gehackten Koriander und Schalotten unterrühren. Beiseitestellen.

5. Für den Couscous etwa 10 Min. vor dem Servieren in einem kleinen Topf 550 ml Wasser zusammen mit Lorbeerblatt und Salz auf hoher Stufe aufkochen. Den Couscous einrühren und den Topf vom Herd nehmen. Den Topf mit einem Deckel dicht verschließen und den Couscous etwa 5 Min. quellen lassen, bis er das Wasser aufgenommen hat und weich ist. Bis zum Servieren beiseitestellen.

6. Mit einem Messer mit dünner elastischer Klinge die Köpfe der Fisch abtrennen. Einen Fisch am Rückgrat entlang einschneiden, anschließend das obere Fischfilet von der Mittelgräte abheben und auf einen Servierteller legen. Am Kopfende beginnend die Mittelgräte mitsamt dem Schwanz abziehen und das zweite Filet ebenfalls auf den Teller legen. Den zweiten Fisch genauso filetieren und auf dem Teller anrichten. Die Filets mit 2 EL Sauce beträufeln. Den Couscous mit einer Gabel auflockern; das Lorbeerblatt entfernen und wegwerfen. Couscous in eine Servierschüssel geben und mit den Pistazien vermischen. Die Fischfilets warm mit dem Couscous und der übrigen Sauce servieren.

FRISCH-
FRUCHTIG
UND FEIN

HAUPTSACHE GEMÜSE

AUCH GEMÜSEFANS KOMMEN JETZT ZUM ZUG, DENN DIE KALTE
JAHRESZEIT HÄLT FARBENFROHE KÖSTLICHKEITEN BEREIT.
EIN GRUND MEHR, DEN GRILL NICHT IN DEN KELLER ZU PACKEN,
SONDERN DAS AUSZUPROBIEREN, WAS ES IM SOMMER NICHT GIBT.

GEFÜLLTER KÜRBIS
MIT BROT UND TROCKENFRÜCHTEN

Schön kalt darf es bei diesem festlichen Hingucker sein: Ein ganzer Kürbis mit fruchtig herzhafter Füllung wird auf dem Grill gebacken und schmeckt ganz besonders gut, wenn sein süßes Fruchtfleisch auch noch von den Rauchnoten eines Holzkohlegrills profitieren kann.

FÜR 8 PERSONEN | ZUBEREITUNGSZEIT: 1 STD. | GRILLZEIT: 2½–2¾ STD.
ZUBEHÖR: GROSSER GRILLFESTER TOPF, GROSSE GUSSEISERNE PFANNE (30 CM Ø), GROSSER GRILLFESTER BRÄTER

1 Flasche (0,75 l) trockener Weißwein
  (z. B. Chardonnay)
150 g getrocknete Aprikosen, klein gewürfelt
150 g getrocknete Feigen, Stielansatz entfernt,
  klein gewürfelt
150 g Sultaninen
150 g entsteinte getrocknete Sauerkirschen
125 g Butter
6 mittelgroße Schalotten, fein gewürfelt
4 mittelgroße Stangen Bleichsellerie,
  in feine Scheiben geschnitten
2 EL Thymianblättchen
2 EL fein gehackter Salbei
1 TL naturreines grobes Meersalz
¾ TL frisch gemahlener schwarzer Pfeffer
250–300 g Sauerteigbrot, mit der Kruste in gut 1 cm
  große Würfel geschnitten
125 ml Weinbrand
1 Halloween-Kürbis (2 ½–3 kg)

1. Den Grill für direkte und indirekte mittlere Hitze (175–230 °C) vorbereiten.

2. Den großen grillfesten Topf auf den Grillrost über direkte Hitze stellen. Den Wein in den Topf gießen, die gesamten Trockenfrüchte zufügen und alles zum Köcheln bringen. Einen Deckel auflegen und die Früchte über *direkter mittlerer Hitze* bei geschlossenem Grilldeckel in etwa ½ Std. sehr weich garen, dabei gelegentlich umrühren.

3. Die Früchte mit einem Schaumlöffel herausheben und in eine große Schüssel geben. Den Weinsud erneut zum

Köcheln bringen und im offenen Topf über *direkter mittlerer Hitze* bei geschlossenem Grilldeckel in 6–8 Min. auf 100 ml reduzieren. Die Weinreduktion über die Früchte in der großen Schüssel gießen.

4. Die Gusseisenpfanne auf dem Grillrost über direkte Hitze stellen und die Butter darin zerlassen. Schalotten und Sellerie zufügen und über *direkter mittlerer Hitze* bei geöffnetem Grilldeckel 6–8 Min. dünsten, dabei gelegentlich umrühren, bis sie etwas weich sind. Thymian, Salbei, Salz und Pfeffer gründlich unterrühren und die Mischung zu den Früchten in die große Schüssel geben. Brotwürfel und Weinbrand zufügen und alles gut vermischen, bis die Brotwürfel durchfeuchtet sind.

5. Von dem Kürbis auf der Oberseite einen Deckel von 12–15 cm Durchmesser (je nach Größe des Kürbis) abschneiden und wegwerfen. Die Kerne und das faserige Fruchtfleisch des Kürbis gründlich herausschaben und ebenfalls wegwerfen. Die Füllung bis über den Rand in den Kürbis geben und mit einem Stück Alufolie abdecken.

6. Den grillfesten Bräter auf dem Grillrost über indirekte Hitze stellen und den Kürbis hineinsetzen. Den Kürbis über *indirekter mittlerer Hitze* bei geschlossenem Grilldeckel 1–1¾ Std. backen, bis das Kürbisfruchtfleisch weich ist (machen Sie die Garprobe mit der Spitze eines Gemüsemessers). Den Bräter mit dem Kürbis in die Küche bringen, auf ein Backofengitter stellen und den Kürbis ½ Std. abkühlen lassen. Zum Servieren den gebackenen Kürbis in acht Spalten schneiden und diese auf einzelnen Tellern mit der Füllung anrichten.

ARTISCHOCKENHERZEN
MIT THYMIAN-ZITRONEN-VINAIGRETTE

Gegrillte Artischockenherzen können zusammen mit etwas Käse sowie knusprigem Brot eine schlichte, aber vollständige Mahlzeit ergeben. Die rohen Artischocken müssen, bevor man sie grillen kann, gedämpft werden, da sie sonst auf dem Grill verbrennen würden, ehe sie weich sind. Dann aber erledigt der Grill das, was zur Perfektion noch fehlt.

FÜR 4–6 PERSONEN | ZUBEREITUNGSZEIT: ETWA ¾ STD., PLUS ETWA 20 MIN. ZUM DÄMPFEN DER ARTISCHOCKEN | **GRILLZEIT:** 8–10 MIN.
ZUBEHÖR: GROSSER DÄMPFKORB

1 große Bio-Zitrone, halbiert
6 große Artischocken (je 350–400 g)
5 EL Olivenöl
3 EL frisch gepresster Zitronensaft
1 TL gehackter Thymian
1 TL Dijon-Senf
¼ TL naturreines grobes Meersalz
½ TL frisch gemahlener schwarzer Pfeffer

1. Die Zitronenhälften über einer großen Schüssel ausdrücken und die Schüssel mit Wasser füllen. Die ausgepressten Zitronenhälften hineinlegen.

2. Die Artischocken nacheinander vorbereiten. Das obere Drittel der Artischocken jeweils abschneiden und wegwerfen. Die harten dunklen Außenblätter entfernen, bis die gelblichen Blätter mit blassgrüner Spitze freiliegen. Den Stängel am unteren Ende um 1¼ cm einkürzen und mit einem Sparschäler schälen, bis er blassgrün ist. Mit einem kleinen Messer die rauen Außenränder glätten, dabei anhaftende Blätter entfernen. Die Artischocken durch den Stängel halbieren. Mit einem Melonenausstecher oder einem am Rand gezackten Grapefruitlöffel das silbrige Heu aus den Artischockenhälften sauber herauskratzen. Vorbereitete Artischockenherzen in das Zitronenwasser legen.

3. Einen großen Topf 2½–5 cm hoch mit Wasser füllen und den Dämpfkorb einsetzen (das Wasser darf den Korb nicht berühren). Sollte der Dämpfkorb nicht groß genug für alle 12 Artischockenhälften sein, müssen Sie sie portionsweise dämpfen. Das Wasser im Topf zum Kochen bringen. Die Artischockenherzen in den Korb geben, einen Deckel auflegen, die Hitze reduzieren und die Artischocken behutsam 8–10 Min. dämpfen, bis ein kleiner Spieß leicht in die Stängel der Artischocken eindringen kann, die Stängel aber noch bissfest und nicht zerkocht ist. Die Artischockenherzen auf einen Teller geben.

4. Das Zitronenwasser in der großen Schüssel abgießen und die Schüssel trockenreiben. Die gedämpften Artischocken in die Schüssel geben. In einer kleinen Schüssel das Öl mit Zitronensaft, Thymian, Senf und Pfeffer zu einer Emulsion aufschlagen. Die Artischocken mit der Hälfte davon (etwa 4 EL) anmachen.

5. Den Grill für direkte schwache bis mittlere Hitze (175–200 °C) vorbereiten.

6. Den Grillrost mit der Bürste säubern. Die Artischockenherzen jeweils mit der Schnittfläche nach unten über *direkter schwacher bis mittlerer Hitze* bei geschlossenem Deckel 8–10 Min. grillen, bis sie stellenweise leicht gebräunt sind und das Fruchtfleisch weich ist, dabei ein- bis zweimal wenden. Die Artischocken auf einer Platte anrichten, die übrige Vinaigrette noch einmal aufschlagen und über die Artischocken träufeln. Warm oder raumtemperiert servieren.

BLUMENKOHLSTEAKS
MIT TOMATENTAPENADE

Die dicken Blumenkohlscheiben können als leckeres winterliches Hauptgericht oder als Beilage serviert werden. Die aroma-reiche, salzige Tapenade bringt die natürliche Süße des Blumenkohls zur Geltung und passt wunderbar zu seinen Grillnoten.

FÜR 6 PERSONEN | ZUBEREITUNGSZEIT: 25 MIN. | GRILLZEIT: 12–15 MIN.

Für die Tapenade
5 EL entsteinte schwarze Kalamata-Oliven, abgetropft
5 EL getrocknete Tomaten in Öl, abgetropft
4 EL Basilikumblätter, gehackt
1 EL Kapern, abgetropft
1 kleine Knoblauchzehe, fein gehackt
½ TL Aceto balsamico
1 großzügige Prise frisch gemahlener schwarzer Pfeffer
3 EL Olivenöl

2 Köpfe Blumenkohl (je etwa 800 g), Blätter entfernt,
   gewaschen und trockengetupft
3 EL Olivenöl

1. In die Küchenmaschine das Hackmesser einsetzen. Die Zutaten für die Tapenade bis auf das Öl in die Schüssel der Küchenmaschine geben und etwa zehnmal mit dem Impulsschalter durchhacken. Dabei ein- bis zweimal die Reste an der Schüsselwand mit einem Teigschaber wieder nach unten schieben. Bei laufendem Motor in zwei Portionen das Öl zugießen, dabei nach der ersten Portion die Maschine stoppen und die Reste an der Schüsselwand erneut nach unten schieben. Nach der zweiten Ölportion die Reste noch einmal nach unten schieben. Den Motor wieder laufen lassen und 2 EL Wasser 1–2 Min. untermixen, bis die Paste so glatt wie möglich ist (ganz glatt wird sie nicht). In eine kleine Schüssel geben und beiseitestellen (oder abgedeckt bis zu fünf Tage im Kühlschrank aufbewahren).

2. Den Grill für direkte schwache bis mittlere Hitze (175–200 °C) vorbereiten.

3. Einen Blumenkohl mit dem Strunk nach oben auf ein Schneidbrett setzen. Links und rechts vom Strunk die Röschen abschneiden, bis nur noch der innere Teil, der vom Strunk zusammengehalten wird, übrig ist. Diesen durch den Strunk hindurch in 3 gleich dicke Scheiben schneiden.

Den zweiten Kohlkopf genauso vorbereiten. Die weggeschnittenen Röschen für eine andere Verwendung aufbewahren.

4. Den Grillrost mit der Bürste säubern. Die Blumenkohlsteaks auf beiden Seiten mit Öl bepinseln und auf dem Grillrost über *direkter schwacher bis mittlerer Hitze* bei geschlossenem Deckel 12–15 Min. grillen, bis sie ein deutliches Grillmuster angenommen haben und knackig-zart sind, dabei ein- bis zweimal wenden. Auf ein Schneidbrett geben. Je 2 EL Tapenade auf sechs Teller löffeln und in der Größe der Blumenkohlsteaks verstreichen. Darauf jeweils 1 Blumenkohlsteak legen und warm servieren.

BOHNENEINTOPF
MIT GEMÜSE, ÄPFELN UND BIRNEN

Dieser Eintopf ist von einem Gericht inspiriert, das Westfälisches Blindhuhn genannt wird. Ein Huhn finden Sie hier zwar nicht, aber so viele Zutaten, dass selbst ein blindes Huhn etwas finden würde. Da Sie mehrmals Wasser aufkochen müssen, wäre ein leistungsstarker Seitenkocher am Gasgrill ideal, andernfalls rennen Sie eben etwas öfter in die Küche.

FÜR 6 PERSONEN ALS VORSPEISE, **FÜR 8–10 PERSONEN** ALS BEILAGE | **ZUBEREITUNGSZEIT:** ¼ STD., PLUS MIND. 1 STD. ZUM EINWEICHEN DER BOHNEN | **GRILLZEIT:** ETWA 1¼ STD. | **ZUBEHÖR:** DUTCH OVEN (5–6 LITER INHALT)

250 g kleine getrocknete weiße Bohnen (z. B. Cannellini), abgebraust und verlesen
350 g frische grüne Bohnen, geputzt, in 2½ cm große Stücke geschnitten
2 TL fein gehacktes Bohnenkraut
1 TL naturreines grobes Meersalz
½ TL frisch gemahlener schwarzer Pfeffer
500 g rotschalige Kartoffeln, abgebraust und abgebürstet, in 2½ cm große Würfel geschnitten
4 mittelgroße Möhren, quer in 1 cm dicke Scheiben geschnitten
1 säuerlicher Apfel (z. B. Boskop), geschält, halbiert, entkernt, in 1¼ cm dicke Spalten geschnitten
1 feste Birne (z. B. Bosc), geschält, entkernt, in 1¼ cm dicke Spalten geschnitten

Für den Schmand
200 g Schmand
1 EL fein gehacktes Bohnenkraut
¼ TL naturreines grobes Meersalz
1 Msp. frisch gemahlener schwarzer Pfeffer

1. In einem großen Topf die getrockneten Bohnenkerne mit reichlich kaltem Wasser bedecken (es sollte mind. 3 cm über den Bohnen stehen). Auf hoher Stufe aufkochen und 1 Min. kochen lassen. Den Topf von der Hitzequelle nehmen und mit einem dicht sitzenden Deckel verschließen. Bei Raumtemperatur die Bohnenkerne 1 Std. einweichen, dann abgießen und abtropfen lassen. (Oder die Bohnenkerne in einer Schüssel mit kaltem Wasser bedecken und bei Raumtemperatur 4 Std. oder bis zu 12 Std. einweichen.)

2. Den Grill für direkte mittlere Hitze (175–230 °C) vorbereiten.

3. Die abgetropften Bohnenkerne in den Dutch Oven geben und erneut mit so viel Wasser bedecken, dass es 3 cm hoch über den Bohnen steht. Den Deckel des Dutch Oven halb auflegen und das Wasser auf hoher Stufe aufkochen. Dann den Topf auf den Grillrost stellen und die Bohnen über *direkter mittlerer Hitze* bei geschlossenem Grilldeckel in 40–45 Min. nicht ganz weich garen.

4. Inzwischen in einem mittelgroßen Topf Wasser auf hoher Stufe zum Kochen bringen und salzen. Die grünen Bohnen im kochenden Wasser 1–2 Min. blanchieren, bis sie leuchtend grün sind. Bohnen abgießen, mit kaltem Wasser abbrausen und beiseitestellen.

5. Bohnenkraut, Salz und Pfeffer unter die weißen Bohnen rühren, Kartoffeln, Möhren, Apfel- und Birnenspalten zufügen. Bei Bedarf heißes Wasser zugießen, sodass die Zutaten knapp davon bedeckt sind. Auf dem Seitenkocher oder Herd zum Köcheln bringen, dann den offenen Dutch Oven wieder auf den Grillrost stellen und den Eintopf über *direkter mittlerer Hitze* bei geschlossenem Grilldeckel 15 bis 20 Min. garen, bis Kartoffeln und weiße Bohnen weich sind. Jetzt erst die grünen Bohnen in den Dutch Oven geben und 5 Min. mitgaren.

6. Inzwischen den Schmand mit Bohnenkraut, Salz und Pfeffer in einer kleinen Schüssel glatt rühren. Abdecken und bei Raumtemperatur bis zum Servieren beiseitestellen.

7. Den Dutch Oven vom Grill nehmen. Die Kochflüssigkeit abgießen, dabei etwa 250 ml auffangen und so viel davon wieder unter die Bohnen rühren, dass sie nicht trocken sind. Den Bohneneintopf in einzelne tiefe Teller geben, mit einem Klecks Schmand garnieren und warm servieren.

GEMÜSESTÄBCHEN
MIT RAUCHIGEM PAPRIKA-DIP

Die Süßkartoffel- und Möhrenstäbchen sind eine gut schmeckende, nährstoffreiche Alternative zu den sonst üblichen Pommes aus Kartoffeln. Das von Natur aus süßliche Gemüse braucht keine raffinierte Würze, erhält aber von dem rauchigen, cremigen Paprika-Dip einen willkommenen Schärfekick.

FÜR 4–6 PERSONEN | ZUBEREITUNGSZEIT: 20 MIN. **| GRILLZEIT:** ETWA ½ STD. **| ZUBEHÖR:** GROSSE GELOCHTE GRILLPFANNE

Für den Dip
2 mittelgroße rote Paprikaschoten
1 Knoblauchzehe
100 g Schmand
½ TL geräuchertes Paprikapulver
½ TL naturreines grobes Meersalz
1 Msp. Cayennepfeffer

1 große Süßkartoffel (etwa 350 g)
350 g große Möhren
2 EL Olivenöl
1 TL naturreines grobes Meersalz
½ TL frisch gemahlener schwarzer Pfeffer
½ TL edelsüßes Paprikapulver

1. Den Grill für direkte mittlere Hitze (175–230 °C) vorbereiten. Die große gelochte Grillpfanne über direkter Hitze 10 Min. vorheizen.

2. Für den Dip die Paprikaschoten über *direkter mittlerer Hitze* bei geschlossenem Deckel 12–15 Min. grillen, dabei ab und zu wenden, bis die Haut der Schoten rundum angekohlt ist und Blasen wirft. Paprikaschoten in eine Schüssel geben, die Schüssel mit Frischhaltefolie verschließen und die Schoten 10 Min. ausdampfen lassen. Die verkohlte Haut der Schoten abziehen, Stielansatz, Samen und Trennwände entfernen und das Paprikafruchtfleisch grob würfeln. Mit den übrigen Zutaten für den Dip in die Küchenmaschine geben und durchmixen, bis sich die Zutaten gut verbunden haben (der Dip bleibt aber ein wenig stückig). In eine Schüssel geben und beiseitestellen.

3. Süßkartoffel und Möhren schälen. Das Gemüse in etwa 7 x 1 x 1 cm große Stäbchen schneiden (die absolute Größe ist für ein gleichmäßiges Garen weniger entscheidend als die einheitliche Größe der Stäbchen). Möhren- und Süßkartoffelstäbchen in separate Schüsseln geben und jeweils mit der Hälfte des Öls und der Gewürze mischen.

4. Die Möhren in einer Lage in der vorgeheizten Grillpfanne verteilen und über *direkter mittlerer Hitze* bei geschlossenem Deckel 5 Min. grillen. Dann die Süßkartoffel dazugeben und die Gemüsestäbchen von beiden Seiten 12–15 Min. grillen, dabei den Deckel möglichst oft geschlossen halten, bis beide Gemüsesorten weich und schön gebräunt sind. Machen Sie die Garprobe mit der Spitze eines kleinen Messers. Vom Grill nehmen und warm mit dem Paprika-Dip servieren.

TOFU-WRAPS
MIT MÖHREN, SPROSSEN UND ERDNUSSSAUCE

Die Wraps eignen sich besonders gut für ein gesundes Mittagessen an einem Winterwochenende. Kaufen Sie dafür festen Tofu (keinen Seidentofu), der auf dem Grill seine Form behält. Die Erdnusssauce ist so köstlich und wärmend, dass es sich lohnt, gleich die doppelte Menge zuzubereiten. Sie passt auch wunderbar zu Brokkoli oder Blumenkohl.

FÜR 4 PERSONEN | ZUBEREITUNGSZEIT: ½ STD. | GRILLZEIT: ETWA 10 MIN. | ZUBEHÖR: GROSSE GUSSEISERNE GRILLPLATTE (30 CM LÄNGE)

500 g fester Tofu, abgetropft
1 EL Sojasauce
1 EL Reisessig
300 große Möhren, geschält
4 EL Erdnussöl

Für die Sauce
4 EL Sesamöl aus gerösteten Samen
2 EL glatte Erdnusscreme
2 EL Sojasauce
1½ EL Worcestersauce
1½ EL Aceto balsamico
2 TL Zucker
2 TL Sambal Oelek (Chilipaste)
2 TL fein gehackter Ingwer

4 Weizentortillas (je 25–30 cm Ø)
150 g Mungo- oder Sojabohnensprossen

1. Ein Schneidbrett mit mehreren Lagen Küchenpapier bedecken und den Tofu darauflegen. Den Tofu ebenfalls mit mehreren Lagen Küchenpapier bedecken. Auf ein zweites Schneidbrett eine schwere Dose oder einen schweren Topf stellen und den Tofu damit ½ Std. beschweren.

2. Den ausgepressten Tofu anschließend in vier gleich große dicke Stücke schneiden und die »Tofu-Steaks« auf beiden Seiten mit Sojasauce und Reisessig bepinseln.

3. Mit einem Sparschäler die Möhren in dünne, lange Streifen schneiden. Die Möhrenstreifen in einer großen Schüssel mit 2 EL Erdnussöl mischen.

4. Den Grill für direkte starke Hitze (230–290 °C) vorbereiten. Die gusseiserne Grillplatte über direkter Hitze 10 Min. vorheizen.

5. Inzwischen die Sauce zubereiten. Dafür die Zutaten in einer kleinen Schüssel glatt rühren.

6. Die Tofu-Steaks mit den übrigen 2 EL Erdnussöl bestreichen und auf der Grillplatte über *direkter starker Hitze* bei geschlossenem Deckel etwa 5 Min. grillen, bis sie schön gebräunt sind, dabei einmal wenden. Vom Grill nehmen und auf einem Servierteller in die Küche bringen.

7. Die Möhrenstreifen auf die Grillplatte geben (Platz für die Tortillas lassen!) und über *direkter starker Hitze* bei geschlossenem Deckel etwa 3 Min. grillen, bis sie etwas weich sind, dabei mit einer Grillzange ab und zu wenden. Die Tortillas auf der Grillplatte 1–2 Min. von beiden Seiten rösten. Möhrenstreifen und Tortillas auf einem zweiten Servierteller in die Küche bringen.

8. Auf den Tortillas jeweils 1 Tofu-Steak, ¼ der Möhren und ¼ der Sprossen anrichten und mit ¼ der Erdnusssauce beträufeln. Die Tortillas wie Burritos aufrollen und dabei die Füllung gut einschließen. Sofort servieren.

GEFÜLLTE PITABROTE
MIT SELLERIE UND CREMIGEM RUCOLASALAT

Ein warmes Veggie-Sandwich wie dieses ist ideal an kalten Winterabenden, wenn sich hungrige Freunde und Gäste schon mal um den Grill versammeln. Bis zum Hauptgang können Sie mit dem herzhaft kräftigen Geschmack des gegrillten Knollenselleries und den cremig angemachten Rucolablättern alle glücklich machen. Zum Reinbeißen gut!

FÜR 4 PERSONEN | ZUBEREITUNGSZEIT: 25 MIN. | GRILLZEIT: 14–16 MIN.

Für das Dressing
5 EL Mayonnaise
1 ½ EL frisch gepresster Zitronensaft
1 EL Meerrettich (Glas)
2 TL abgetropfte Kapern, gehackt
4–5 TL fein gewürfelte süß-sauer eingelegte Cornichons

1 kg Knollensellerie, geschält, quer in ½ cm dicke
  Scheiben geschnitten
4 EL Olivenöl
¾ TL naturreines grobes Meersalz
½ TL frisch gemahlener schwarzer Pfeffer
4 Pitabrote zum Füllen
4 Handvoll zarte Rucolablätter

1. Den Grill für direkte mittlere Hitze (175–230 °C) vorbereiten.

2. Für das Dressing in einer großen Schüssel die Mayonnaise mit Zitronensaft, Meerrettich, Kapern und Essiggürkchen verrühren und durchziehen lassen.

3. Den Grillrost mit der Bürste säubern. Sellerischeiben auf einem Backblech auf beiden Seiten mit Öl bestreichen, salzen und pfeffern. Auf dem Grillrost über *direkter mittlerer Hitze* bei geschlossenem Deckel 12–15 Min. grillen, bis die Scheiben weich und gebräunt sind, dabei ein- bis zweimal wenden. Vom Grill nehmen und auf einen Servierteller legen.

4. Die Pitabrote auf dem Grillrost über *direkter mittlerer Hitze* bei geschlossenem Deckel 1–2 Min. rösten, bis sie durchgewärmt und weich sind, dabei ein- bis zweimal wenden. Auf einen zweiten Servierteller legen.

5. Die Rucolablätter in der großen Schüssel mit dem Dressing anmachen. Die Pitabrote jeweils mit gegrillten Sellerischeiben und Rucolasalat füllen und warm servieren.

EINFACH ZUM ANBEISSEN

ROTE-BETE-BURGER
MIT ZIEGENKÄSE UND RUCOLA

Rote Bete verleiht den Pattys ein hübsches Purpurrot, und der süßlich erdige Geschmack der Knollen kommt mit scharfem Senf und Gewürzen umso besser zur Geltung. Wichtig ist, die Pattys vor dem Grillen im Kühlschrank fester werden zu lassen und sie dann am besten in der Gusseisenpfanne oder auf der Grillplatte zu grillen, da sie sehr weich sind und leicht zerfallen.

FÜR 4 PERSONEN | ZUBEREITUNGSZEIT: ½ STD., PLUS ¾ STD. FÜR DIE ROTEN BETEN UND DEN REIS | **KÜHLZEIT:** 1–4 STD.
GRILLZEIT: 6–8 MIN. | **ZUBEHÖR:** GROSSE GUSSEISERNE PFANNE (30 CM Ø) ODER GRILLPLATTE

Für die Pattys

2 mittelgroße gegarte Rote Beten, geschält, fein geraspelt
180 g gegarter Naturreis, abgekühlt
  (entspricht etwa 70 g rohem Reis)
40 g japanisches Panko-Paniermehl
4 EL grob geriebene Zwiebeln (ohne den Saft)
4 EL grob gehackte glatte Petersilie
3 EL geröstete Sonnenblumenkerne ohne Salz
1 Ei (Größe L), leicht verquirlt
1 EL Dijon-Senf
1 TL gemahlener Kreuzkümmel
1 TL fein gehackter Knoblauch
½ TL naturreines grobes Meersalz
½ TL frisch gemahlener schwarzer Pfeffer

Für den Aufstrich

150 g milder Ziegenfrischkäse
1 TL frisch gepresster Zitronensaft
1 TL fein gehackter Knoblauch
¼ TL naturreines grobes Meersalz

1 EL Olivenöl
4 Ciabatta- oder runde Brötchen, aufgeschnitten
4 Handvoll zarte Rucolablätter

1. In einer großen Schüssel die Zutaten für die Pattys gleichmäßig vermischen. Mit angefeuchteten Händen behutsam vier Pattys mit einem Durchmesser von etwa 7 cm und einem Gewicht von 180 g formen. Zum Festwerden die Pattys abgedeckt mind. 1 Std. oder bis zu 4 Std. kalt stellen.

2. Den Grill für direkte mittlere Hitze (175–230 °C) vorbereiten. Die Gusseisenpfanne oder Grillplatte über direkter Hitze 10 Min. vorbereiten.

3. In einer kleinen Schüssel die Zutaten für den Aufstrich mit einer Gabel gleichmäßig vermengen.

4. Das Öl in der vorgeheizten Pfanne oder auf der Grillplatte verstreichen und heiß werden lassen. Die Pattys in der Pfanne oder auf der Grillplatte über *direkter mittlerer Hitze* bei geschlossenem Deckel 6–8 Min. grillen, bis sie durch und durch heiß und auf beiden Seiten goldbraun sind, dabei einmal wenden. Während der letzten Grillminute die Brötchenhälften mit der Schnittfläche nach unten über direkter Hitze 1 Min. rösten.

5. Die gerösteten Schnittflächen der Brötchen jeweils mit der Ziegenkäsemischung bestreichen und je 1 Patty auf die Brötchenunterseiten setzen. Auf jedes Pattys 1 Handvoll Rucola geben, die Pattys jeweils mit der Brötchenoberseite abdecken und servieren.

KÜRBISPIZZA
MIT KÄSE, SPINAT UND BALSAMICO-CREME

Die zuvor gegrillten Kürbisscheiben verleihen der rustikalen, herbstlich belegten Pizza zusätzliche Grillaromen. Noch intensiver wird der Geschmack, wenn Sie die Pizza vor dem Servieren mit Kürbiskernöl beträufeln.

FÜR 6–8 PERSONEN | ZUBEREITUNGSZEIT: ½ STD. | GRILLZEIT: 20–30 MIN. | ZUBEHÖR: PIZZASTEIN, PIZZAHEBER

2 frische Pizzateige (Kühlregal; je 400–500 g)

Für das Würzöl
125 ml Olivenöl
½ TL naturreines grobes Meersalz
½ TL Cayennepfeffer

1 Butternusskürbis (1 kg)
150 g geriebener Fontina oder Mozzarella
180 g Ziegenfrischkäse, zerbröckelt
4 große Handvoll zarte Spinatblätter
50 g fein geriebener Parmesan
naturreines grobes Meersalz
frisch gemahlener schwarzer Pfeffer

Für die Balsamico-Creme
250 ml Aceto balsamico
1 EL brauner Zucker

1. Die Pizzateige 1 Std. vor der Verarbeitung aus dem Kühlschrank nehmen; sie lassen sich raumtemperiert leichter ausrollen.

2. In einer kleinen Schüssel das Öl mit Salz und Cayennepfeffer verrühren.

3. Den Grill für direkte und indirekte mittlere Hitze (175–230 °C) vorbereiten.

4. Den schlanken Hals des Kürbis abschneiden; den dicken Kürbisboden für eine andere Verwendung aufbewahren. Den Kürbishals der Länge nach halbieren und jede Hälfte in gut ½ cm dicke halbmondförmige Scheiben schneiden (ergibt insgesamt 20–25 Scheiben). Die Kürbisscheiben auf beiden Seiten dünn mit dem Würzöl bepinseln, übriges Öl für die Pizza beiseitestellen.

5. Den Grillrost mit der Bürste säubern. Die Kürbisscheiben auf dem Grillrost über *direkter mittlerer Hitze* bei geschlossenem Deckel in 14–16 Min. weich grillen, dabei gelegentlich wenden. Sollten Kürbisscheiben zu stark und zu schnell bräunen, bevor sie durchgegart sind, die Scheiben über indirekte Hitze legen. Kürbisscheiben auf einer Servierplatte abkühlen lassen.

6. Den Grill für direkte mittlere bis starke Hitze (230–260 °C) vorbereiten. Den Pizzastein über direkter Hitze ¼ Std. vorheizen.

7. Auf einer leicht bemehlten Arbeitsfläche einen der Pizzateige zu einem ½ cm dicken Kreis mit einem Durchmesser von etwa 30 cm ausrollen. Wenn sich der Teig zu stark zusammenzieht, für 5 Min. mit einem sauberen Küchentuch bedecken und anschließend erneut ausrollen. Den zweiten Pizzateig genauso vorbereiten. Die beiden Teigkreise bis zu den Rändern mit etwas Würzöl bestreichen.

8. Den Pizzaheber (oder ein randloses Backblech) leicht bemehlen und einen der Teigkreise vorsichtig darauflegen. Mit der Hälfte des Fontinakäses oder Mozzarellas bestreuen, darauf die Hälfte der Kürbisscheiben verteilen und in die Zwischenräume löffelweise die Hälfte des zerbröckelten Ziegenkäses geben. Den Spinat mit dem restlichen Würzöl anmachen. Die Hälfte der Spinatblätter auf dem belegten Pizzateig verteilen und mit der Hälfte des Parmesans bestreuen. Den Pizzabelag leicht salzen.

9. Den belegten Teigkreis vorsichtig auf den heißen Pizzastein gleiten lassen und über *direkter mittlerer bis starker Hitze* bei geschlossenem Deckel 8–12 Min. grillen, bis der Teig goldbraun gebacken und der Käse geschmolzen ist. Für ein gleichmäßiges Garen die Pizza in dieser Zeit einmal um 90 Grad drehen.

10. Die Pizza mit dem Pizzaheber oder einem breiten Grillwender vom Stein heben und vor dem Servieren einige Minuten ruhen lassen. Den zweiten Teigkreis genauso belegen und auf dem Pizzastein backen.

11. Während die erste Pizza auf dem Grill ist, die Balsamico-Creme zubereiten. Dafür den Essig und den Zucker in einem kleinen schweren Topf auf mittlerer bis hoher Stufe aufkochen. Die Hitze reduzieren und die Essigmischung etwa 10 Min. sirupartig einköcheln lassen.

12. Die gebackenen Pizzen (die nacheinander serviert werden) jeweils mit Balsamico-Creme beträufeln, in Stücke schneiden und warm servieren.

BEILAGEN & SAUCEN

WÄRMENDE, ÜPPIGE BEILAGEN FÜR KALTE TAGE, KNUSPRIG
HEISSE KNABBEREIEN FÜR ZWISCHENDURCH, GEHALTVOLLE SAUCEN
ZU FLEISCH, FISCH UND GEFLÜGEL — WER AUCH IM WINTER AM
GRILL STEHT, GEHT AUF KULINARISCHE ENTDECKUNGSTOUR.

GEMÜSECHIPS
VOM GRILL

Die hauchdünnen Gemüsescheiben werden nur dann wunderbar knusprig wie Chips, wenn sie in einer Lage, das heißt neben- und nicht aufeinander, auf der heißen Grillplatte oder in den Pfannen gegrillt werden. Gehen Sie so oder so von zwei bis drei Grilldurchgängen aus, bis das gesamte Gemüse fertig ist. Die Gemüsechips stellen Sie anschließend am besten in einer Aluschale auf dem Warmhalterost Ihres Grills warm, während Sie die nächsten Portionen zubereiten. Zum Servieren einen gut vorgewärmten Servierteller bereitstellen.

FÜR 3–4 PERSONEN | ZUBEREITUNGSZEIT: 20 MIN. | GRILLZEIT: 30–35 MIN. (PRO PORTION 10–12 MIN.)
ZUBEHÖR: GROSSE GUSSEISERNE GRILLPLATTE ODER 2 GROSSE GUSSEISERNE PFANNEN (30 CM Ø)

150 g kleine Kartoffeln (Fingerlinge)
2 kleine Rote Beten, geschält
1 dicke Möhre, geschält
1 dicke Pastinake, geschält
2 EL Olivenöl
1 TL fein gehackter Knoblauch
1 TL getrockneter Thymian
naturreines grobes Meersalz
½ TL frisch gemahlener schwarzer Pfeffer

1. Den Grill für direkte mittlere Hitze (175–230 °C) vorbereiten. Die Grillplatte oder die beiden Gusseisenpfannen 10 Min. über direkter Hitze vorheizen.

2. Das Gemüse mit einem Messer oder Gemüsehobel (Mandoline) getrennt in hauchdünne Scheiben scheiben.

3. In einer mittelgroßen Schüssel das Olivenöl mit Knoblauch, Thymian, ¾ TL Salz und ½ TL Pfeffer verrühren. 2 TL davon in eine kleine Schüssel geben und die Rote-Bete-Scheiben behutsam mit dem Würzöl mischen. Die restlichen Gemüsescheiben in der mittelgroßen Schüssel mit dem Würzöl vermengen.

4. Die Gemüsescheiben aus der mittelgroßen Schüssel portionsweise in einer Lage auf der Grillplatte oder in den beiden Pfannen verteilen und jede Gemüseportion über *direkter mittlerer Hitze* bei geschlossenem Deckel 10–12 Min. grillen, dabei ab und zu mit einem Grillwender oder einer Grillzange wenden, bis die Scheiben auf beiden Seiten goldbraun und knusprig sind. Vermeiden Sie beim Wenden des Gemüses Flammenbildung und halten Sie die Temperatur im Grill konstant zwischen 175 und 200 °C. Anschließend die Rote-Bete-Scheiben genauso grillen.

5. Die Gemüsechips auf einem vorgewärmten Servierteller anrichten und nach Geschmack noch etwas salzen. Sofort heiß servieren.

GOLDBRAUNE KARTOFFELRÖSTIS
MIT APFELMUS

Während Sie den Grill vorbereiten, zieht die Kartoffelmasse noch weiter Flüssigkeit. Um die Gefahr heißer Ölspritzer zu minimieren, sollten Sie die Kartoffelmasse immer wieder gut ausdrücken, bevor Sie sie portionsweise zu Röstis formen und braten.

FÜR 6 PERSONEN (ERGIBT 12 RÖSTIS) | **ZUBEREITUNGSZEIT:** 25 MIN. | **GRILLZEIT:** ETWA 40 MIN.
ZUBEHÖR: GROSSE GUSSEISERNE PFANNE (30 CM Ø)

Für das Apfelmus
1 kg säurearme Äpfel (bevorzugt Golden Delicious),
  geschält, entkernt, in Würfel geschnitten
5 EL frisch gepresster Apfelsaft
  (ersatzweise naturtrüber 100 % Direktsaft)
2 EL hellbrauner Zucker
1 EL frisch gepresster Zitronensaft
¼ TL gemahlener Zimt

Für die Röstis
1¼ kg mehligkochende Kartoffeln, geschält, geraspelt,
  überschüssige Flüssigkeit gut ausgedrückt
1 mittelgroße Zwiebel, gerieben oder fein gewürfelt

2 TL fein gehackter Thymian
3 Eier (Größe L), verquirlt
4 EL Mehl
naturreines grobes Meersalz
frisch gemahlener schwarzer Pfeffer
Rapsöl zum Braten

1. In einem mittelgroßen Topf die Äpfel mit Apfelsaft, Zucker, Zitronensaft und Zimt mischen. Auf mittlerer Stufe zum Köcheln bringen, einen Deckel auflegen, anschließend auf mittlerer bis kleiner Stufe etwa 25 Min. sanft köcheln lassen, bis die Äpfel sehr weich sind. Ab und zu umrühren. 5 Min. abkühlen lassen, dann in der Küchenmaschine oder mit dem Stabmixer glatt pürieren. Beiseitestellen.

2. In einer großen Schüssel die Kartoffelraspel mit Zwiebel, Thymian, Eiern, Mehl, 2 TL Salz und ½ TL Pfeffer gleichmäßig vermengen und bis zur Zubereitung beiseitestellen.

3. Den Grill für direkte mittlere bis starke Hitze (200 bis 260 °C) vorbereiten. Die Gusseisenpfanne über direkter Hitze 5–10 Min. vorheizen.

4. In die Gusseisenpfanne ½ cm hoch Rapsöl gießen und heiß werden lassen. Aus je knapp 5 EL der Kartoffelmasse vier Röstis mit einem Durchmesser von etwa 7 cm formen. Die Röstis in die Pfanne geben und über *direkter mittlerer bis starker Hitze* von beiden Seiten je 4–5 Min. braten, bis sie goldbraun und knusprig sind. Die Röstis sehr behutsam wenden, da sonst das heiße Öl spritzt! Fertige Röstis auf einem mit Küchenpapier ausgelegten Backblech entfetten und warm stellen. Aus der übrigen Kartoffelmasse genauso Röstis formen und portionsweise braten, dabei zwischendurch braun gebratene Kartoffelreste im heißen Öl mit einem Schaumlöffel entfernen. Jeweils 2 Röstis auf einem Teller warm mit dem Apfelmus servieren.

GEMÜSEPUFFER
MIT ZITRONEN-JOGHURT-SAUCE

Knusprig und köstlich sind diese Gemüsepuffer, die gegenüber Kartoffelpuffern den Vorzug haben, innen weich und cremig zu sein. Die Joghurtsauce schmeckt noch besser, wenn Sie sie einen Tag im Voraus zubereiten und im Kühlschrank durchziehen lassen.

FÜR 6 PERSONEN (ERGIBT 12 PUFFER) | **ZUBEREITUNGSZEIT:** ½ STD. | **GARZEIT:** ¾ STD. | **ZUBEHÖR:** GROSSE BESCHICHTETE PFANNE

Für die Sauce
5 EL griechischer Joghurt
2 EL Mayonnaise
2 TL Schnittlauchröllchen
1 TL frisch gepresster Zitronensaft
1 TL fein abgeriebene Schale von 1 Bio-Zitrone
¼ TL naturreines grobes Meersalz
1 Prise frisch gemahlener schwarzer Pfeffer

Für die Puffer
4 EL Rapsöl
1 mittelgroße Zwiebel, fein gewürfelt
4 Knoblauchzehen, fein gehackt
350 g Zucchini, grob geraspelt
250 g Pastinaken, grob geraspelt
125 g Möhren, grob geraspelt
2 Eier (Größe L), verquirlt
5 EL geraspelter Pecorino romano
40 g Mehl
4 EL Schnittlauchröllchen
¾ TL naturreines grobes Meersalz
¼ TL frisch gemahlener schwarzer Pfeffer

SCHMECKEN NACH MEHR

1. Für die Sauce in einer kleinen Schüssel den Joghurt mit Mayonnaise, Schnittlauch, Zitronensaft und -schale sowie Salz und Pfeffer glatt rühren.

2. Für die Gemüsepuffer in der großen beschichteten Pfanne 2 EL Rapsöl auf mittlerer bis hoher Stufe erhitzen. Zwiebelwürfel und Knoblauch darin unter gelegentlichem Rühren in 4–5 Min. nur leicht Farbe annehmen lassen. Zucchini, Pastinaken und Möhren zufügen und 5–6 Min. dünsten, bis die Gemüseraspel knackig-zart sind, dabei ab und zu umrühren. In eine Schüssel geben und 10 Min. abkühlen lassen. Anschließend die verquirlten Eier, den Pecorino romano, das Mehl, Schnittlauch, Salz und Pfeffer unter das Gemüse rühren.

3. Die Pfanne mit Küchenpapier auswischen. 1 EL Rapsöl in die Pfanne geben und auf mittlerer bis hoher Stufe erhitzen. Jeweils drei Gemüsepuffer portionsweise in der Pfanne braten, dafür pro Puffer 4 EL der Gemüsemischung in die Pfanne geben und mit einem Küchenwender auf einen Durchmesser von 7–8 cm gleichmäßig flach drücken. Die Puffer auf jeder Seite in 3–4 Min. goldbraun und knusprig braten, dabei die Hitze nach Bedarf reduzieren, sollten die Puffer zu schnell bräunen. Fertige Gemüsepuffer auf einem mit Küchenpapier belegten Backblech entfetten. Die zweite Dreierportion genauso braten, anschließend den übrigen 1 EL Öl erhitzen und die beiden letzten Portionen braten. Die Gemüsepuffer warm mit der Zitronen-Joghurt-Sauce servieren.

KNUSPRIG GEGRILLTE POLENTA
MIT TOMATENSALSA UND SCHMAND

Lassen Sie den Polentabrei eine ½ Stunde garen, auch wenn er schon nach kurzer Zeit ziemlich dicklich ist und sehr appetitlich aussieht. So vermeiden Sie den bitteren Geschmack nicht durchgegarter Grießkörner. Auf dem Grill werden die Polentastücke außen schön kross, bleiben innen aber wunderbar weich. Wenn die Salsa ein wenig schärfer sein soll, würfeln Sie die Chilischote einfach zusammen mit den Samen fein.

FÜR 6 PERSONEN | ZUBEREITUNGSZEIT: ¾ STD. | GRILLZEIT: 6–8 MIN. | KÜHLZEIT: 2–24 STD.
ZUBEHÖR: FLACHE BACKFORM (20 X 20 CM), GROSSE GUSSEISERNE GRILLPLATTE

Olivenöl

1 TL naturreines grobes Meersalz

160 g Polenta (Maisgrieß; keine Instant-Polenta verwenden)

60 g würziger Cheddar, grob gerieben

1 große Jalapeño-Chilischote, Stielansatz und Samen entfernt, fein gewürfelt (etwa 3 EL)

Für die Salsa

450 g reife, aber feste Tomaten, entkernt, das Fruchtfleisch ½ cm groß gewürfelt

½ kleine rote Zwiebel, fein gewürfelt

1 kleine Jalapeño-Chilischote, Stielansatz und Samen entfernt, fein gewürfelt (etwa 1 EL)

2 EL fein gehackte Korianderblätter

1 EL frisch gepresster Limettensaft

1 TL fein gehackter Knoblauch

½ TL gemahlener Kreuzkümmel

½ TL naturreines grobes Meersalz

¼ TL frisch gemahlener schwarzer Pfeffer

100 g Schmand

2 Frühlingszwiebeln, in feine Scheiben geschnitten (nach Belieben)

1. Die Backform mit Öl ausstreichen.

2. Für die Polenta in einem mittelgroßen Topf 750 ml Wasser auf hoher Stufe aufkochen und salzen. Den Maisgrieß nach und nach in einem gleichmäßigen Strahl einrieseln lassen, dabei ständig rühren, damit sich keine Klumpen bilden. Die Hitze anschließend sofort auf kleine Stufe stellen und die Polenta unter häufigem Rühren mit einem Holzlöffel ½ Std. garen, bis ein dicker, glatter Maisbrei entsteht, der sich von der Topfwand löst. Käse und Chili zufügen und so lange rühren, bis der Käse geschmolzen ist. Den heißen Maisbrei in der Backform gleichmäßig verstreichen und mit einem mit Wasser angefeuchteten Löffelrücken glatt streichen. Auf Raumtemperatur abkühlen lassen, dann die Form mit Frischhaltefolie verschließen und die Polenta mind. 2 Std. oder bis zu 24 Std. erkalten und fest werden lassen.

3. In einer mittelgroßen Schüssel die Zutaten für die Salsa mischen.

4. Den Grill für direkte mittlere Hitze (175–230 °C) vorbereiten. Die große Gusseisengrillplatte über direkter Hitze 5–10 Min. vorheizen.

5. Die Polenta in der Backform in sechs gleich große Stücke schneiden. Mit einem Grillwender die Polentastücke vorsichtig aus der Backform heben und nebeneinander auf ein Backblech legen. Auf beiden Seiten großzügig mit Olivenöl bestreichen und in einer Lage auf die vorgeheizte Grillplatte geben. Über *direkter mittlerer Hitze* bei geschlossenem Deckel 6–8 Min. grillen, dabei einmal wenden, sobald sich die Stücke leicht von der Grillplatte lösen lassen, bis sie auf beiden Seiten goldbraun sind. Die gegrillten Polentastücke auf einzelnen Tellern anrichten, jeweils einen Löffel Salsa und Schmand daraufgeben, nach Belieben mit Frühlingszwiebeln bestreuen und servieren.

ITALIEN
IM WINTER

GEGRILLTE SCHWARZWURZELN
MIT HEISSEM TOMATENDRESSING

Der milde, süßliche Geschmack von Schwarzwurzeln kann leicht von anderen Aromen übertönt werden. Deshalb werden die vorgegarten Schwarzwurzeln kurz auf dem Grill gebräunt und dann nur noch mit einem heißen Dressing aus Tomaten angemacht. Servieren Sie dazu ein rustikales Brot mit weicher Krume und krosser Kruste, mit dem auch der letzte Tropfen Dressing aufgenommen werden kann.

FÜR 6 PERSONEN | ZUBEREITUNGSZEIT: ¼ STD. | GRILL- UND GARZEIT: 22–27 MIN.

1 kg Schwarzwurzeln, mit Gummihandschuhen
   gründlich gesäubert und geschält, quer in 10 cm
   lange Stücke geschnitten
6 EL Olivenöl
300 g Cocktail- oder Datteltomaten
¾ TL naturreines grobes Meersalz
½ TL frisch gemahlener schwarzer Pfeffer
3 EL Weißweinessig

1. Reichlich Wasser in einem großen Topf auf hoher Stufe zum Kochen bringen, salzen und die Schwarzwurzeln darin 13–15 Min. garen, bis sie knackig-zart sind. Anschließend die Schwarzwurzeln in ein Sieb abgießen, mit kaltem Wasser abbrausen, abtropfen lassen und mit Küchenpapier trockentupfen.

2. Den Grill für direkte mittlere bis starke Hitze (200–260 °C) vorbereiten.

3. Den Grillrost mit der Bürste säubern. Die Schwarzwurzeln mit insgesamt 2 EL Olivenöl einpinseln und über *direkter mittlerer bis starker Hitze* bei geschlossenem Grilldeckel 6–8 Min. grillen, dabei ein- bis zweimal wenden, bis sie schön gebräunt sind. Vom Grill nehmen und auf einen hitzefesten Servierteller geben. Da die Schwarzwurzeln vor dem Servieren mit dem sehr heißen Dressing angemacht werden, müssen sie zwischendurch nicht warm gestellt werden.

4. In einer mittelgroßen Pfanne die restlichen 4 EL Öl auf hoher Stufe erhitzen. Darin die Tomaten mit ¾ TL Salz und ½ TL Pfeffer 3–4 Min. braten, dabei mehrmals behutsam umrühren, bis sie etwas weich werden und Saft ziehen. Den Essig unterrühren und kurz einköcheln lassen.

5. Die Schwarzwurzeln auf dem Servierteller mit dem heißen Tomatendressing übergießen und sofort servieren.

KARTOFFEL-SELLERIE-PÜREE
MIT MEERRETTICH UND PARMESAN

Das Püree schmeckt am besten, wenn es noch etwas stückig ist. Verwenden Sie deshalb für seine Zubereitung einen Kartoffelstampfer, also nicht den Mixer oder die Küchenmaschine. Die Kartoffelschalen im Püree sorgen für eine besondere Textur und zusätzliche Nährstoffe.

FÜR 6–8 PERSONEN | ZUBEREITUNGSZEIT: 20 MIN. | GRILLZEIT: 35–40 MIN.
ZUBEHÖR: GROSSER GRILLFESTER KOCHTOPF, KARTOFFELSTAMPFER

1 kg vorwiegend festkochende Kartoffeln,
    Schalen gewaschen und abgebürstet, mit der Schale
    in 2 cm große Stücke geschnitten
500 g Knollensellerie, geputzt, geschält, in 1¼ cm
    große Stücke geschnitten
3 TL naturreines grobes Meersalz
200 g Schmand (Vollfettstufe)
4 EL Butter, in kleine Stücke geschnitten
4 EL fein geriebener Parmesan
3 EL Meerrettich (Glas)

1. Den Grill für direkte und indirekte starke Hitze (230–290 °C) vorbereiten.

2. Kartoffel- und Selleriestücke mit 2 TL Salz in den grillfesten großen Kochtopf geben und mit kaltem Wasser bedecken (etwa 2 l). Den Topf auf den Grillrost über *direkte starke Hitze* stellen und die Kartoffelmischung bei geschlossenem Grilldeckel in etwa ¼ Std. aufkochen lassen. Dann den Topf über *indirekte starke Hitze* ziehen und die Gemüsestücke bei geschlossenem Grilldeckel in 20–25 Min. sehr weich garen. Ab und zu umrühren.

3. Die Kartoffel- und Selleriestücke abgießen und abtropfen lassen, zurück in den Topf geben und etwa 5 Min. ausdampfen lassen. Schmand und Butterstückchen dazugeben und alles mit dem Kartoffelstampfer bis zur gewünschten Konsistenz zerdrücken. Parmesan, Meerrettich und den übrigen 1 TL Salz unter das Püree rühren. Warm servieren.

RUSTIKAL
UND
STÜCKIG

LINSENGEMÜSE
MIT SPECK

Das herzhafte, wärmende Linsengemüse passt gut zu Grillwürsten oder Schweinekoteletts. Im Gegensatz zu getrockneten Bohnen müssen Linsen vor dem Garen nicht eingeweicht werden und sind auch schneller weich. Wichtig aber ist, dass Sie die Linsen vorher in einem Sieb sorgfältig abbrausen und verlesen.

FÜR 6–8 PERSONEN | ZUBEREITUNGSZEIT: 10 MIN. | GRILLZEIT: ETWA 1 STD. | ZUBEHÖR: DUTCH OVEN (5–6 LITER INHALT)

150 g geräucherter Schweinebauch, Schwarte entfernt,
   quer in 1 cm dicke Streifen geschnitten
1 große Zwiebel, fein gewürfelt
2 mittelgroße Möhren, 1 cm groß gewürfelt
2 mittelgroße Stangen Bleichsellerie, 1 cm groß gewürfelt
500 g braune Tellerlinsen, abgebraust und verlesen
1 Lorbeerblatt
4 EL Butter
4 EL Mehl
2 EL Apfelessig
2 TL naturreines grobes Meersalz
½ TL frisch gemahlener schwarzer Pfeffer

1. Den Grill für direkte mittlere Hitze (175–230 °C) vorbereiten.

2. Den Dutch Oven auf den Grillrost stellen, die Speck-streifen zufügen und über *direkter mittlerer Hitze* im offe-nen Topf, aber bei geschlossenem Grilldeckel, 8–10 Min. braten, bis sie leicht gebräunt sind. Ab und zu umrühren. Zwiebel, Möhren und Sellerie unter gelegentlichem Rühren etwa 4 Min. mitbraten, bis sie etwas weich sind.

3. Linsen und Lorbeerblatt in den Topf geben, die Zuta-ten mit Wasser bedecken (es sollte gut 2 cm hoch über dem Linsengemüse stehen) und bei geschlossenem Grilldeckel zum Kochen bringen. Die Linsen im offenen Dutch Oven, aber bei geschlossenem Grilldeckel, etwa ¾ Std. lebhaft kö-cheln lassen, bis sie weich sind. Ab und zu umrühren und nach Bedarf weiteres Wasser zugießen, damit die Zutaten bedeckt bleiben.

4. Inzwischen in einem kleinen Topf die Butter auf mitt-lerer bis hoher Stufe zerlassen. Das Mehl in der heißen Butter unter Rühren mit einem Schneebesen 2–3 Min. an-schwitzen, ohne dass es Farbe annimmt. Nach und nach 125 ml Kochflüssigkeit von den Linsen zugießen und die Mischung jeweils glatt rühren. Die glatte Mehlschwitze gründlich unter die Linsen rühren. Mit Essig, Salz und Pfeffer würzen. Etwa 5 Min. weiterköcheln lassen, bis das Gemüse etwas eingedickt ist. Das Lorbeerblatt entfernen und heiß servieren.

KARTOFFELKLÖSSE
MIT PARMESAN UND SCHNITTLAUCH

Was wäre ein Fleischgericht mit reichlich Sauce ohne Klöße? Es würde etwas fehlen – und diese Klöße allemal! Ihre fluffige Konsistenz erhalten sie von mehligkochenden Kartoffeln, die noch warm durch die Kartoffelpresse gedrückt werden müssen.

FÜR 6 PERSONEN (ERGIBT 12 KLÖSSE) | **ZUBEREITUNGSZEIT:** 20 MIN. | **GARZEIT:** ETWA ¾ STD.
ZUBEHÖR: KARTOFFELPRESSE ODER EIN NICHT ZU FEINES DRAHTSIEB

*700 g mehligkochende Kartoffeln, abgebraust
  und abgebürstet
5 EL Mehl, plus Mehl nach Bedarf
5 EL doppelgriffiges Mehl
5 EL geriebener Parmesan
1 Ei (Größe L)
2 EL feine Schnittlauchröllchen
1 TL naturreines grobes Meersalz
¼ TL frisch gemahlener weißer oder schwarzer Pfeffer
frisch geriebene Muskatnuss (nach Geschmack)*

1. In einem großen Topf die Kartoffeln mit reichlich Wasser bedecken (es sollte 2½ cm hoch über den Kartoffeln stehen), das Wasser salzen und im verschlossenen Topf auf hoher Stufe zum Kochen bringen. Die Hitze auf mittlere Stufe stellen und die Kartoffeln mit halb aufgelegtem Deckel 25–35 Min. lebhaft köcheln lassen, bis sie weich sind. Machen Sie die Garprobe mit der Spitze eines kleinen scharfen Messers.

2. In einem zweiten großen Topf (mind. 25 cm Ø, damit die Klöße genug Platz haben und nicht aneinanderkleben) reichlich Wasser zum Kochen bringen und salzen.

3. Inzwischen die weich gekochten Kartoffeln abgießen und abtropfen lassen. Die Kartoffeln noch heiß schälen und sofort durch die Kartoffelpresse (oder das Sieb) in eine große Schüssel drücken. Beide Mehle und den Parmesan untermengen. Das Ei in einer kleinen Schüssel verquirlen und mit ein wenig von der Kartoffelmasse glatt rühren. Die Eimischung unter die Kartoffelmasse in der großen Schüssel rühren, anschließend die Masse mit Schnittlauch, Salz, Pfeffer und nach Geschmack mit Muskatnuss würzen. Für einen Versuchskloß 2–3 EL der Kartoffelmasse zwischen den Handflächen zu einer Kugel formen. Sollte der Kloß nicht zusammenhalten, nach Bedarf weiteres Mehl unter die Kartoffelmasse mischen.

4. Mit bemehlten Händen aus der Kartoffelmasse zwölf gleich große Klöße formen. Dafür die einzelnen Portionen zwischen den Handflächen zuerst zu einer dicken Scheibe flach drücken, dann zu einer kleinen Kugel in der Größe einer Mandarine formen. (Die geformten Klöße können mit einem sauberen Küchentuch abgedeckt bis zu 1 Std. bei Raumtemperatur aufbewahrt werden.)

5. Die Klöße nacheinander mit einem Schaumlöffel ins kochende Wasser gleiten lassen. Die Hitze auf mittelstark herunterschalten, damit das Wasser nur noch leicht siedet. Die Klöse im halb verschlossenen Topf 1–2 Min. ziehen lassen, bis sie an die Oberfläche steigen, anschließend etwa 5 Min. weitergaren, bis sie ein wenig aufgegangen sind und eine luftig-leichte Konsistenz angenommen haben. Mit einem Schaumlöffel herausheben und die Klöße auf einem Servierteller sofort servieren.

GESCHMORTER ROTKOHL
MIT KÜMMEL UND ROSINEN

Geschmorter Rotkohl passt als Beilage zu fast allen Grillgerichten, ob Schwein, Rindfleisch oder Hähnchen und sogar zu Fischfilets. Ein Klassiker ist er selbstverständlich zu Gans und Ente.

FÜR 8–10 PERSONEN | **ZUBEREITUNGSZEIT:** 25 MIN. | **GARZEIT:** 60–70 MIN. | **ZUBEHÖR:** DUTCH OVEN (5–6 LITER INHALT)

160 ml Rinderbrühe
125 ml Rotweinessig
5 EL dunkelbrauner Zucker
¾ TL naturreines grobes Meersalz
¼ TL frisch gemahlener schwarzer Pfeffer
4 EL Olivenöl
1 große Zwiebel, fein gewürfelt
1 EL fein gehackter Knoblauch
1 TL Kümmelsamen
1 Kopf Rotkohl (1 kg), halbiert, den harten Strunk
   entfernt, in feine Streifen geschnitten oder gehobelt
70 g Rosinen

DER
BEILAGEN-
ALLROUNDER

1. Den Grill für direkte und indirekte mittlere Hitze (175–230 °C) vorbereiten.

2. In einer mittelgroßen Schüssel die Brühe mit Essig, Zucker, Salz und Pfeffer verrühren, bis sich der Zucker aufgelöst hat.

3. Das Olivenöl im Dutch Oven über direkter Hitze erwärmen. Die Zwiebelwürfel darin über *direkter mittlerer Hitze* bei geöffnetem Deckel unter häufigem Rühren in 8–9 Min. goldgelb und etwas weich dünsten. Knoblauch und Kümmel zufügen und unter Rühren 1 Min. mitdünsten, bis sie aromatisch duften.

4. Rotkohl und Rosinen zugeben und unter häufigem Rühren 3–4 Min. dünsten, bis die Kohlstreifen etwas zusammengefallen sind. Mit der gewürzten Brühe aufgießen,

den Dutch Oven mit einem Deckel verschließen und in die indirekte Zone ziehen. Den Rotkohl über *indirekter mittlerer Hitze* bei geschlossenem Grilldeckel 1 Std. schmoren, dabei gelegentlich umrühren, bis er weich ist. Die Grilltemperatur während der gesamten Zeit möglichst konstant zwischen 175 und 200 °C halten. Rotkohl in eine Servierschüssel füllen und warm servieren.

ÜBERBACKENER NUDELAUFLAUF
MIT KÄSESAUCE UND PAPRIKA

Der Nudelauflauf kann als üppige Beilage für sehr Hungrige serviert werden oder als Hauptgericht,
zu dem Sie passend einen Salat wie Winterendivie mit Birnen und gerösteten Walnüssen servieren können.

FÜR 8–10 PERSONEN ALS BEILAGE, **FÜR 4–6 PERSONEN** ALS HAUPTGERICHT | ZUBEREITUNGSZEIT: 20 MIN. | GRILLZEIT: 35–50 MIN.
ZUBEHÖR: GROSSE GUSSEISERNE PFANNE (30 CM Ø)

2 große rote Paprikaschoten
5 EL Butter, plus zerlassene Butter für die Pfanne
4 EL Mehl
750 ml Milch
350 g geriebener Gouda
2 TL Dijon-Senf
naturreines grobes Meersalz
gemahlener weißer Pfeffer
¼ TL scharfe rote Chilisauce (z. B. Tabasco)
2 Eier (Größe L), in einer kleinen Schüssel verquirlt
500 g röhrenförmige Nudeln (kurze Makkaroni, Rigatoni)
100 g frisch geriebene weiche Vollkornbrösel
   (in der Küchenmaschine aus leicht altbackenem
   Brot hergestellt)

1. Den Grill für direkte und indirekte mittlere Hitze
(175–230 °C) vorbereiten.

2. Den Grillrost mit der Bürste säubern. Die Paprikaschoten über *direkter mittlerer Hitze* bei geschlossenem
Deckel 10–15 Min. grillen, dabei gelegentlich wenden, bis
die Haut der Schoten rundum angekohlt ist und Blasen
wirft. Paprikaschoten in eine Schüssel geben, die Schüssel
mit Frischhaltefolie verschließen und die Schoten 10 Min.
ausdampfen lassen. Anschließend die verkohlte Haut der
Schoten abziehen, Stielansatz, Samen und Trennwände entfernen und das Paprikafruchtfleisch grob würfeln.

3. Für die Nudeln in einem großen Topf reichlich Wasser
auf hoher Stufe zum Kochen bringen und salzen.

4. In einem großen Stieltopf 4 EL Butter auf mittlerer
Hitze zerlassen. Das Mehl darin unter Rühren 1 Min.
anschwitzen, ohne dass es Farbe annimmt. Die Milch
zugießen und unter häufigem Rühren kurz aufkochen
lassen. Die Temperatur auf mittlere Hitze reduzieren und
die Béchamelsauce etwa 2 Min. köcheln lassen, bis sie
etwas dicklich ist. Den Topf vom Herd nehmen. Käse,
Senf, ½ TL Salz, ¼ TL Pfeffer und die Chilisauce zufügen
und rühren, bis der Käse geschmolzen ist. Etwa 125 ml
(8 EL) von der Sauce unter Rühren zu den verquirlten
Eiern in die kleine Schüssel geben, dann die Mischung
wieder unter die Käsesauce im Topf rühren. Die Paprika-
würfel unterrühren.

5. Inzwischen die Nudeln nach Packungsanweisung im
sprudelnd kochenden Wasser weich garen. Die Nudeln
in ein Sieb abgießen und abtropfen lassen, anschließend
gründlich mit der Käsesauce vermischen. Alles mit Salz
und weißem Pfeffer abschmecken.

6. Die große Gusseisenpfanne mit zerlassener Butter ausstreichen und die Käse-Paprika-Nudeln gleichmäßig darin
verteilen. Mit den Vollkornbröseln bestreuen und die übrige Butter in Flöckchen darauf verteilen.

7. Die Pfanne auf dem Grillrost über *indirekte mittlere
Hitze* stellen und die Nudeln bei geschlossenem Grilldeckel
25–35 Min. überbacken, bis die Käsesauce blubbert und
die Oberseite knusprig ist. Vor dem Servieren etwa 5 Min.
ruhen lassen, dann heiß zu Tisch bringen.

HEISSES
NUDEL-
GLÜCK

GLÜHWEINSAUCE
MIT CRANBERRYS

Würziger Glühwein und herb-fruchtige Cranberrys ergeben eine vielseitige Sauce, die sowohl zu Lamm als auch zu Geflügel, Schwein und Würsten passt. Im Kühlschrank hält sie sich bis zu einem Monat und wird dabei immer aromatischer.

FÜR 8 PERSONEN (ERGIBT ETWA 500 ML) | ZUBEREITUNGSZEIT: 10 MIN. | **GARZEIT**: 10–15 MIN. | **KÜHLZEIT**: 2 STD.

350 g frische oder TK-Cranberrys
250 ml kräftiger Rotwein (z. B. australischer Shiraz)
200 g hellbrauner Zucker
1 kleine Bio-Orange, die Schale ohne weiße Innenhaut
  spiralförmig dünn abgeschält
1 Zimtstange (7 cm)
1 EL fein gehackter Ingwer
½ TL Vanilleextrakt
½ TL gemahlener Kardamom
1 Prise gemahlene Nelken

1. Alle Zutaten in einen mittelgroßen säurefesten Topf (z. B. aus Edelstahl) geben und auf mittlerer Stufe zum Kochen bringen, dabei häufig rühren, um den Zucker auf- zulösen. Anschließend bei reduzierter Hitze 10–15 Min. köcheln lassen, bis ein Großteil der Beeren aufgeplatzt ist und der Rotweinsud zu einem leichten Sirup eingekocht ist. Ab und zu umrühren.

2. Die Sauce in eine mittelgroße Schüssel umfüllen und abkühlen lassen. Zimtstange und Orangenschale entfernen. Abdecken und 2 Std. in den Kühlschrank stellen.

3. Vor dem Servieren die Sauce noch einmal aufwärmen oder Raumtemperatur annehmen lassen. (Sie lässt sich in einem luftdicht verschlossenen Gefäß bis zu 1 Monat im Kühlschrank aufbewahren.)

WEISSWEINSAUCE
MIT JOHANNISBEERGELEE

Die leicht süßliche und schön buttrige Sauce passt besonders gut zu gegrilltem Fisch oder Hähnchen.
Wer einen Gasgrill besitzt, bereitet sie idealerweise draußen auf dem Seitenkocher zu.

FÜR 6 PERSONEN (ERGIBT ETWA 250 ML) | **ZUBEREITUNGSZEIT:** 10 MIN. | **GARZEIT:** ETWA ½ STD. | **ZUBEHÖR:** GROSSER SCHWERER TOPF

1 Flasche (0,75 l) trockener Riesling
1 TL Koriandersamen
1 TL ganze Nelken
1 Zimtstange (10 cm), in zwei Hälften gebrochen
2 EL Rinder- oder Kalb-Demi-Glace
2 EL rotes Johannisbeergelee
½ TL naturreines grobes Meersalz
1 Prise frisch gemahlener schwarzer Pfeffer
4 EL kalte Butter

1. Wein mit Koriandersamen, Nelken und der Zimtstange in dem schweren Topf aufkochen (am besten einen Stieltopf mit schwerem Boden verwenden), anschließend im offenen Topf in 20–30 Min. auf 200 ml reduzieren.

2. Die Weinreduktion durch ein feines Sieb in eine hitzefeste Schüssel gießen; die Gewürze im Sieb wegwerfen. Die Reduktion zurück in den Topf gießen, aufkochen lassen, dann Demi-Glace, Johannisbeergelee, Salz und Pfeffer mit einem Schneebesen unterrühren, bis das Gelee geschmolzen und eine glatte Sauce entstanden ist.

3. Den Topf von der Hitzequelle nehmen und die kalte Butter nacheinander esslöffelweise unterschlagen. Achten Sie darauf, dass jede Portion immer erst vollständig in der Sauce geschmolzen sein muss, bevor Sie die nächste unterschlagen. Die Sauce warm servieren.

FEIN
FRUCHTIG

WEINBRANDSAUCE
FÜR STEAKS

Die Schalotten müssen ganz fein gewürfelt sein, damit sie in der Sauce beim Kochen vollständig zerfallen. Sollten sich bei Zugabe des Weinbrands Flammen bilden, verschließen Sie die Pfanne sofort mit einem Deckel und nehmen Sie sie für einige Minuten von der Hitzequelle, bis die Flammen erloschen sind.

FÜR 4–6 PERSONEN (ERGIBT ETWA 170 ML) | **ZUBEREITUNGSZEIT:** 10 MIN. | **GARZEIT:** 20–25 MIN.
ZUBEHÖR: MITTELGROSSER SCHWERER TOPF UND SCHWERE PFANNE

500 ml Rinderbrühe
2 EL Butter
5 EL sehr fein gewürfelte Schalotten
4 EL Weinbrand
4 EL Sahne
½ TL Thymianblättchen
½ TL frisch gemahlener schwarzer Pfeffer
1 Prise Zucker
1 Prise naturreines grobes Meersalz (nach Belieben)

1. Die Brühe in den schweren Topf gießen, auf dem Seitenkocher des Gasgrills oder auf dem Herd auf hoher Stufe zum Kochen bringen und in etwa ¼ Std. auf 125 ml einkochen lassen. Von der Hitzequelle nehmen.

2. Die Butter in der schweren Pfanne auf dem Seitenkocher oder Herd auf mittlerer bis hoher Stufe zerlassen. Schalottenwürfelchen darin unter häufigem Rühren in 3–4 Min. goldgelb und etwas weich dünsten. Zuerst die reduzierte Brühe, dann den Weinbrand (vermeiden Sie Flammenbildung!) zugießen, zum Köcheln bringen und 1 Min. köcheln lassen.

3. Die Sahne, dann Thymian, Pfeffer und Zucker unterrühren. Alles 4–5 Min. kochen lassen, bis die Sauce auf etwa 170 ml reduziert ist. Nach Belieben noch salzen und warm servieren.

SÄMIG
SAHNIG

PILZSAUCE
MIT KRÄUTERN

Wenn Sie zu Ihrem nächsten Rinder- oder Schweinebraten eine außergewöhnliche Sauce kredenzen wollen, dann sollten Sie sich dieses Rezept vormerken. Hier vermählen sich getrocknete Steinpilze und gegrillte frische Champignons zu einer unvergleichlich reichhaltigen, geschmacksintensiven Sauce.

FÜR 10 PERSONEN (ERGIBT ETWA 700 ML) | **ZUBEREITUNGSZEIT:** ¼ STD. | **GRILLZEIT:** 6–8 MIN. | **GARZEIT:** ETWA ½ STD.

30 g getrocknete Steinpilze
2 Riesenchampignons (Portobellos mit etwa 12 cm Ø),
   Stiele entfernt, gesäubert
Olivenöl
4 EL Butter
2 große Schalotten, fein gewürfelt
2 TL fein gehackter Knoblauch
3 EL Mehl
500 ml Rinderbrühe
250 g Sahne
1 EL Aceto balsamico
1 TL getrockneter Thymian
½ TL getrockneter Oregano
½ TL naturreines grobes Meersalz,
   plus Salz zum Abschmecken
¼ TL frisch gemahlener schwarzer Pfeffer,
   plus Pfeffer zum Abschmecken
4 EL fein gehackte glatte Petersilie
1 EL Dijon-Senf

1. In einer kleinen hitzefesten Schüssel die getrockneten Steinpilze mit 250 ml kochend heißem Wasser übergießen und etwa 20 Min. einweichen lassen.

2. Den Grill für direkte mittlere Hitze (175–230 °C) vorbereiten.

3. Die Champignons großzügig mit Olivenöl bepinseln und jeweils mit der Lamellenseite nach unten über *direkter mittlerer Hitze* bei geschlossenem Deckel 6–8 Min. grillen, dabei einmal wenden, bis sie nur knapp weich sind. Vom Grill nehmen und in etwa 1 cm große Würfel schneiden.

4. Die Butter in einem mittelgroßen Topf auf mittlerer Stufe zerlassen. Darin Schalotten und Knoblauch unter häufigem Rühren etwa 2 Min. dünsten, bis die Schalotten etwas weich sind. Das Mehl einstreuen und unter häufigem Rüh-

ren 2 Min. anschwitzen. Brühe, Sahne, Essig, die getrockneten Kräuter, Salz und Pfeffer zufügen und alles auf mittlerer bis hoher Stufe unter häufigem Rühren mit einem Schneebesen zum Köcheln bringen. Die Hitze reduzieren, sodass die Flüssigkeit nur noch leicht siedet. Die eingeweichten Steinpilze abgießen und zusammen mit den Champignonwürfeln zur Sauce geben. Die Sauce anschließend 15–20 Min. einköcheln lassen, bis sie dicklich und sehr aromatisch ist. Ab und zu mit dem Schneebesen durchrühren. Den Topf vom Herd nehmen und die Sauce einige Minuten abkühlen lassen.

5. Die Sauce in der Küchenmaschine oder im Mixer pürieren und zurück in den Topf gießen. Kurz vor dem Servieren die Sauce noch einmal aufwärmen, dann erst Petersilie und Senf unterrühren. Die Sauce mit Salz und Pfeffer abschmecken und warm servieren.

SÜSSES & GETRÄNKE

IM WINTER WIRD DER GRILL ZUR LIEBLINGSBACKSTUBE
VON FAMILIE UND FREUNDEN, DENN BESSER HABEN STOLLEN,
STRUDEL UND STREUSELKUCHEN NOCH NIE GESCHMECKT.
UND SELBST DER GLÜHWEIN KOMMT AB SOFORT VOM GRILL!

ORANGEN-MANDEL-KUCHEN
AUS DEM ORIENT

Saftig und schön aromatisch ist dieser Orangenkuchen aus dem Nahen Osten, der so ganz anders zubereitet wird als herkömmlicher Kuchen. Hier kommen samt Schale pürierte Orangen in den Teig und statt Mehl und Fett werden nur gemahlene Mandeln verwendet. Der Kuchen hält sich ausgezeichnet bei Raumtemperatur und schmeckt von Tag zu Tag besser. Anstelle der mit Orangen aromatisierten Schlagsahne können Sie auch Orangenmarmelade verwenden, mit der sie den abgekühlten Kuchen bestreichen.

FÜR 8 PERSONEN | ZUBEREITUNGSZEIT: ¼ STD. | **GARZEIT:** ETWA 1 STD. FÜR DIE ORANGEN, PLUS ¼ STD. ZUM ABKÜHLEN
GRILLZEIT: 50–60 MIN. | **ZUBEHÖR:** SPRINGFORM (26 CM Ø), BACKBLECH, KALT GESTELLTE MITTELGROSSE RÜHRSCHÜSSEL

Für den Kuchen

2 Bio-Orangen (bevorzugt Navel)
weiche Butter und Mehl für die Backform
6 Eier (Größe L), raumtemperiert
250 g Zucker
250 g gemahlene Mandeln
  (möglichst von blanchierten Mandeln)
1 TL Backpulver
Puderzucker, zum Bestäuben

Für die Schlagsahne

200 g Sahne
2 EL Puderzucker
1 fein abgeriebene Schale von 1 Bio-Orange
1 EL Orangenlikör (z. B. Grand Marnier)
1 TL Vanilleextrakt

1. Die Orangen in einem großen Topf mit reichlich Wasser bedecken, sodass sie darin schwimmen. Das Wasser auf hoher Stufe zum Kochen bringen, dann die Hitze reduzieren und die Orangen 20 Min. köcheln lassen, dabei die Früchte gelegentlich im Wasser wenden. Orangen abgießen, zurück in den Topf geben, erneut mit reichlich Wasser bedecken und nochmals etwa 20 Min. köcheln lassen, bis sie sehr weich sind (machen Sie die Garprobe mit einem kleinen scharfen Messer). Die Orangen abgießen und auskühlen lassen. Die Früchte halbieren und die Kerne sorgfältig entfernen, anschließend die Orangen samt Schale im Mixer oder in der Küchenmaschine nicht zu fein pürieren.

2. Den Grill für indirekte mittlere Hitze (175–230 °C) vorbereiten. Inzwischen die Springform mit Butter fetten und mit Mehl ausstreuen.

3. In einer großen Schüssel Eier und Zucker mit einem elektrischen Handrührer auf höchster Stufe etwa 3 Min. verrühren, bis sich das Volumen verdreifacht hat. Orangenpüree, Mandeln und Backpulver zugeben und auf kleiner Stufe unterrühren, bis sich alles verbunden hat, dabei Reste an der Schüsselwand wieder in den Teig einarbeiten. Den Teig in die Springform geben und die Oberfläche glatt streichen. Die Form auf das Backblech stellen.

4. Den Kuchen auf dem Backblech über *indirekter mittlerer Hitze* bei geschlossenem Deckel 50–60 Min. backen, bis er sich auf der Oberseite auf leichten Druck fest anfühlt. Sollte er nach etwa ½ Std. Backzeit zu stark bräunen, die Springform mit Alufolie abdecken. Die Grillhitze in dieser Zeit konstant zwischen 175 und 200 °C halten. Den fertigen Kuchen vom Grill nehmen und in der Form auf einem Kuchengitter ½ Std. abkühlen lassen.

5. Inzwischen in der kalt gestellten Schüssel die Sahne mit Puderzucker und Orangenschale mit den sauberen Quirlen des Handrührers auf hoher Stufe schlagen, bis weiche Spitze stehen bleiben. Den Orangenlikör und die Vanille unterrühren. Die Sahne bis zum Servieren in den Kühlschrank stellen.

6. Den Ring der Springform abnehmen und den Kuchen auf dem Springformboden auf eine Kuchenplatte stellen. Den Kuchen mit Puderzucker bestäuben, in Tortenstücke schneiden und warm oder raumtemperiert mit der aromatisierten kalten Schlagsahne servieren.

AROMEN
AUS 1001
NACHT

ZIMTSCHNECKEN
MIT ÄPFELN UND WALNÜSSEN

Da der Hefeteig bis zu 18 Stunden im Kühlschrank aufbewahrt werden kann, können Sie die Schnecken nicht nur als Dessert einplanen, sondern auch als besondere Leckerbissen für ein spätes Frühstück. Auch wenn es sehr schwer fällt: Die Zimtschnecken schmecken am besten, wenn sie nach dem Backen ½ Std. abkühlen dürfen.

ERGIBT 10 STÜCK | ZUBEREITUNGSZEIT: ½ STD. | GEHZEIT DES TEIGS: 3–3¼ STD. | GRILLZEIT: 30–40 MIN.
ZUBEHÖR: GROSSES BACKBLECH

Für den Teig
350 g Mehl (nach Bedarf auch mehr)
125 ml Vollmilch, lauwarm
1 Pck. Trockenhefe (7 g)
4 EL Butter, zerlassen, lauwarm abgekühlt
1 Ei (Größe L), plus 1 Eigelb (Größe L), raumtemperiert
3 EL Zucker
½ TL feines Meersalz

weiche Butter, zum Einfetten von Backschüssel
  und Backblech

Für die Füllung
500 g feste süße Äpfel (z. B. Golden Delicious)
  geschält, entkernt, in 1 cm große Würfel geschnitten
70 g Sultaninen
60 g Walnusskerne, grob gehackt
4 EL heller Muscovadozucker oder feiner Zucker
1 TL gemahlener Zimt

1 Eigelb (Größe L)
1 EL Sahne

Für den Zuckerguss
75 g Puderzucker
3–4 TL Vollmilch

1. Für den Teig 150 g Mehl mit der Milch und der Hefe zu einem Vorteig verrühren. Mit Frischhaltefolie abgedeckt an einem warmen Ort etwa ½ Std. gehen lassen, bis sich auf der Oberfläche Bläschen bilden.

2. Den Vorteig in die Rührschüssel der Küchenmaschine geben, den Flachrührer einsetzen und den Teig mit zerlassener Butter, Ei, Eigelb, Zucker und Salz auf kleiner Stufe verrühren, bis sich alles verbunden hat. Nach und nach

weiteres Mehl unterrühren, bis alle Zutaten eingearbeitet sind und nichts mehr an der Schüsselwand haftet. Jetzt den Knethaken der Küchenmaschine einsetzen und den Teig etwa 6 Min. bei mäßiger Geschwindigkeit kneten, bis er glatt und zäh ist. (Wenn Sie den Teig mit der Hand zubereiten, den Vorteig wie beschrieben mit den restlichen Zutaten in einer großen Schüssel mit einem Holzlöffel verrühren. Nach und nach weiteres Mehl unterrühren, bis der Teig so zäh ist, dass er sich nicht mehr rühren lässt. Anschließend den Teig auf einer bemehlten Arbeitsfläche etwa 10 Min. mit den Händen durchkneten, dabei nach Bedarf weiteres Mehl einarbeiten, bis er glatt und zäh ist.)

3. Den Teig zu einer Kugel formen. Eine Backschüssel mit weicher Butter ausfetten und die Teigkugel in der Schüssel drehen und wenden, bis sie rundum mit einer feinen Butterschicht überzogen ist. Die Schüssel mit Frischhaltefolie abdecken und den Teig an einem warmen Ort in 1¼ bis 1½ Std. auf das doppelte Volumen aufgehen lassen. Oder den Teig abgedeckt bis zu 18 Std. im Kühlschrank gehen lassen, anschließend vor der Weiterverarbeitung an einem warmen Ort 1–1½ Std. ruhen lassen.

4. Für die Füllung in einer kleinen Schüssel die klein gewürfelten Äpfel mit Sultaninen, Walnüssen, Zucker und Zimt mischen.

5. Den Teig auf einer leicht bemehlten Arbeitsfläche zu einem 20 x 40 cm großen Rechteck ausrollen. Die 2 EL weiche Butter in kleinen Portionen auf der Teigplatte verteilen, dann die Butter bis auf einen 2½ cm breiten äußeren Rand gleichmäßig verstreichen. Die Apfelmischung auf der gebutterten Teigplatte verteilen und die Teigränder an den Längsseiten mit Wasser bepinseln. Die Teigplatte von einer Längsseite her bis zum Ende aufrollen und die Naht über die gesamte Länge fest andrücken.

6. Das Backblech mit weicher Butter einfetten und die Teigrolle mit der Naht nach unten darauflegen. Zu einem Ring formen, die beiden Enden der Rolle mit etwas Wasser bepinseln und die Enden aneinanderdrücken. Anschließend den Teigring in zehn gleich große Stücke vorportionieren. Dafür jeweils die Teigrolle mit einer Küchenschere von außen nach innen ein-, aber nicht durchschneiden. Mit Frischhaltefolie abdecken und an einem warmen Ort weitere 40–45 Min. gehen lassen.

7. Den Grill für indirekte schwache bis mittlere Hitze (175 °C) vorbereiten.

8. In einer kleinen Schüssel das Eigelb mit der Sahne verrühren und den Teigring auf der Oberseite damit bestreichen. Das Backblech auf den Grillrost stellen und den Teig-ring über *indirekter schwacher bis mittlerer Hitze* bei geschlossenem Deckel 30–40 Min. backen, bis er goldbraun ist und die Füllung ein wenig trocken aussieht. Die Grill-hitze so konstant wie möglich bei 175 °C halten und das Backblech hin und wieder drehen, damit der Hefering gleichmäßig backen und bräunen kann. Wird er zu schnell braun, decken Sie ihn mit einem Stück Alufolie ab. Vom Grill nehmen und auf dem Blech ¼ Std. ruhen lassen.

9. Inzwischen den Puderzucker in eine Schüssel sieben und mit 3 TL Milch glatt rühren. Bei Bedarf weitere Milch, jeweils ¼ TL, unterrühren, bis der Zuckerguss flüssig genug ist, um den Hefering damit zu beträufeln. Mit dem Zucker-guss beträufelt nochmals mind. ¼ Std. ruhen und abkühlen lassen. Anschließend den Hefering in Stücke schneiden und warm servieren.

SCHOKOKÜCHLEIN
MIT RUM-VANILLESAUCE

Die Schokoküchlein schmecken wie die Luxusausgabe von Brownies, sie könnten auch jederzeit auf der Dessertkarte eines gehobenen Restaurants stehen. Sie werden noch warm direkt aus den Förmchen gegessen und haben zusammen mit dem Rumaroma aus der Vanillesauce etwas Heimeliges und trotzdem Elegantes. Der vollmundige Geschmack der Vanillesauce rührt vom braunen Rum her, den Sie aber auch durch Cognac oder Orangenlikör ersetzen können.

FÜR 6 PERSONEN | ZUBEREITUNGSZEIT: 25 MIN. | KÜHLZEIT: 2 STD. | GRILLZEIT: 10–12 MIN.
ZUBEHÖR: DIGITALES FLEISCHTHERMOMETER, 6 AUFLAUFFÖRMCHEN (120 ML INHALT), BACKBLECH

Für die Vanillesauce
180 ml Vollmilch
60 g Sahne
3 Eigelb (Größe L)
3 EL Zucker
1 EL brauner Rum (keinen weißen Rum verwenden)
1 TL Vanilleextrakt

weiche Butter und Mehl, für die Förmchen

Für die Küchlein
125 g Butter
180 g Edelbitterschokolade (60 % Kakaoanteil),
   fein gehackt
3 Eier (Größe L), raumtemperiert
5 EL Zucker
¼ TL Vanilleextrakt
1 Prise Salz
3 EL Mehl
1 EL reines Kakaopulver

1. Einige Stunden vor dem Servieren die Vanillesauce zubereiten. In eine Schüssel ein feines Sieb einhängen und die Schüssel neben den Herd stellen. In einem kleinen Topf Milch und Sahne auf mittlerer Stufe erhitzen, bis sich am Topfrand Bläschen bilden. In einer mittelgroßen Schüssel die Eigelbe mit dem Zucker hell und cremig schlagen, dann nach und nach die heiße Sahnemilch zugießen und mit der Eiercreme verrühren. Die Mischung zurück in den Topf gießen und auf mittlerer Stufe unter ständigem Rühren 3–4 Min. erhitzen, bis sie so dick ist, dass sie den Rücken eines Löffels überzieht (bzw. eine Temperatur von 80–82 °C hat). Die Sauce durch das Sieb in die Schüssel streichen und lauwarm abkühlen lassen. Rum und Vanille unterrühren und die Sauce abgedeckt mind. 2 Std. kalt stellen.

2. Den Grill für indirekte mittlere bis starke Hitze (200–260 °C) vorbereiten. Die sechs Auflaufförmchen mit Butter fetten und mit Mehl ausstreuen, überschüssiges Mehl herausklopfen.

3. Für die Küchlein in einem mittelgroßen Topf die Butter auf mittlerer Stufe schmelzen lassen. Den Topf vom Herd nehmen, die gehackte Schokolade in die heiße Butter geben und 3 Min. stehen lassen. Anschließend kräftig verrühren, bis die Schokolade vollständig geschmolzen und glatt ist.

4. In einer großen Schüssel Eier und Zucker mit einem elektrischen Handrührer auf höchster Stufe etwa 3 Min. verrühren, bis sich das Volumen verdreifacht hat. Die warme Schokobutter mit Vanilleextrakt und Salz dazugeben, dann Mehl und Kakaopulver darübersieben und die Zutaten mit einem Teigschaber unter die Eimasse heben, bis sich alles verbunden hat. Den Teig gleichmäßig in die vorbereiteten Auflaufförmchen füllen und die Oberfläche jeweils glatt streichen.

5. Die Förmchen auf dem Backblech auf den Grillrost stellen und die Küchlein über *indirekter mittlerer bis starker Hitze* bei geschlossenem Deckel 10–12 Min. backen, bis sie aufgegangen sind. Vom Grill nehmen.

6. Zum Servieren die warmen Küchlein in ihren Förmchen auf Dessertteller stellen, in die Mitte der Küchlein jeweils eine tiefe Mulde drücken und je 2 EL kalte Rum-Vanillesauce hineingeben. Warm in den Förmchen servieren.

APFEL-CRANBERRY-CRUMBLE
MIT ZIMT

Mit Crumbles, den Streuselkuchen ohne Boden, kann man Obst und Früchte der Saison ganz wunderbar in Szene setzen. Statt der Äpfel können Sie auch Birnen, Steinobst oder Beeren aller Art verwenden, nehmen Sie einfach das, was Ihnen am besten schmeckt und gerade verfügbar ist. Die Streusel lassen sich einen Tag im Voraus zubereiten und bis zur Verwendung kalt stellen, oder Sie bereiten gleich die doppelte Menge zu und frieren eine Hälfte ein. »Auf Eis« halten sich die Streusel bis zu einem Monat und können vor dem Backen tiefgefroren auf das Obst gegeben werden.

FÜR 6–8 PERSONEN | ZUBEREITUNGSZEIT: ¼ STD. | GRILLZEIT: ¾–1 STD.
ZUBEHÖR: GUSSEISERNE PFANNE (25 CM Ø) ODER GRILLFESTE BACKFORM (23 X 30 CM)

Für die Streusel

150 g Mehl
100 g brauner Zucker
100 g Zucker
1 TL gemahlener Zimt
¼ TL geriebene Muskatnuss
¼ TL naturreines grobes Meersalz
200 g kalte Butter, in 1¼ cm große Stücke
  geschnitten
60 g Walnusskerne

Für die Füllung

6 große kochfeste Äpfel (z. B. Jonagold, Braeburn
  oder Gala), geschält, entkernt, in 2 cm große Stücke
  geschnitten
200 g frische oder TK-Cranberrys
5 EL Zucker
½ TL gemahlener Zimt

geschlagene Sahne oder Vanilleeis,
  zum Servieren

1. Den Grill für indirekte mittlere Hitze (175–230 °C) vorbereiten.

2. Für die Streusel in der Küchenmaschine Mehl, beide Zuckersorten, Zimt, Muskat und Salz mischen. Die kalten Butterstückchen und Walnüsse zufügen und die Zutaten zu Streuseln mixen.

3. Für die Füllung Äpfel und Cranberrys in die Gusseisenpfanne oder Backform geben und mit Zucker und Zimt mischen. Darauf gleichmäßig die Streusel verteilen.

4. Pfanne oder Form auf den Grillrost stellen und den Crumble über *indirekter mittlerer Hitze* bei geschlossenem Deckel ¾–1 Std. backen, bis die Streuseln goldbraun sind und die Füllung Saft gezogen hat und blubbert. Die Grilltemperatur während der gesamten Zeit zwischen 175 und 200 °C halten. Damit der Crumble gleichmäßig garen kann, drehen Sie nach 25 Min. Grillzeit die Pfanne oder Form um 90 Grad. Vom Grill nehmen und auf einem Kuchengitter in der Pfanne oder Form etwas abkühlen lassen. Warm oder raumtemperiert servieren und dazu Schlagsahne oder Vanilleeis reichen.

FRUCH-
TIGER
KNUSPER-
SPASS

WARMES APFELKOMPOTT
MIT MANDELSAHNE

Ein schlichtes, nach wärmenden Gewürzen duftendes Apfelkompott, das warm oder raumtemperiert besonders köstlich schmeckt. Das Kompott muss auf dem Grill ab und zu durchgerührt werden, damit die Äpfel gleichmäßig garen. Es hält sich bis zu drei Tage im Kühlschrank.

FÜR 4–6 PERSONEN | ZUBEREITUNGSZEIT: 10 MIN. | GRILLZEIT: ETWA ½ STD.
ZUBEHÖR: GUSSEISERNE PFANNE (25 CM Ø) ODER GRILLFESTE BACKFORM (20 X 20 CM)

Für das Kompott

1 kg knackige rote Äpfel (z. B. Pink Lady oder Braeburn), geschält, entkernt, in 2 cm große Stücke geschnitten
70 g Sultaninen
4 EL Zucker
4 EL frisch gepresster Apfelsaft (ersatzweise 100 % naturtrüber Direktsaft)
4 EL frisch gepresster Zitronensaft
2 EL Calvados oder ein anderer Apfelbrand
½ TL gemahlener Zimt
¼ TL geriebene Muskatnuss

Für die Mandelsahne

200 g Sahne, gut gekühlt
2 EL Zucker
¼ TL Mandelextrakt (erhältlich im gut sortierten Lebensmittel- oder Online-Handel, nicht zu verwechseln mit Bittermandelaroma)

60 g Mandelstifte oder ganze Mandeln, geröstet

1. Den Grill für indirekte mittlere Hitze (175–230 °C) vorbereiten.

2. In einer großen Schüssel die Kompottzutaten mischen und in der Gusseisenpfanne oder grillfesten Backform verteilen. Pfanne oder Form über *indirekte mittlere Hitze* stellen und das Kompott bei geschlossenem Grilldeckel 30 Min. garen, bis die Äpfel weich sind, dabei häufig umrühren. Die Grilltemperatur während der gesamten Zeit zwischen 175 und 200 °C halten. Inzwischen die Mandelsahne zubereiten.

3. In einer Schüssel die kalte Sahne mit den Quirlen des Handrührers leicht anschlagen, bis die Quirlen Spuren in der Sahne hinterlassen. Jetzt Zucker und Mandelextrakt zufügen und die Sahne halbsteif schlagen. Abgedeckt in den Kühlschrank stellen.

4. Das fertige Apfelkompott vom Grill nehmen und einige Minuten abkühlen lassen. Warm oder raumtemperiert in Dessertgläser oder -schalen anrichten, einen Klecks Mandelsahne daraufgeben und mit gerösteten Mandelstiften oder ganzen Mandeln bestreut servieren.

APFELSTRUDEL
MIT BESCHWIPSTER ENGLISCHER CREME

Ein warmer, selbst gemachter Apfelstrudel ist ja an sich schon eine Köstlichkeit, aber wenn er auf dem Grill gebacken wird, wird er zu etwas ganz Besonderem. Nehmen Sie für die Füllung Kochäpfel, die während des Backens ihre Form behalten und nicht zu Mus zerfallen. Eine wirklich himmlische Ergänzung zum warmen Strudel ist die kalte, mit ein wenig Calvados aromatisierte Englische Creme. Aber geschlagene Sahne oder Vanilleeis schmecken auch gut dazu.

FÜR 6–8 PERSONEN (ERGIBT 2 STRUDEL) | ZUBEREITUNGSZEIT: 20 MIN. | KÜHLZEIT: 2–48 STD. | GRILLZEIT: 30–40 MIN.
ZUBEHÖR: PIZZASTEIN, BACKPAPIER, DIGITALES FLEISCHTHERMOMETER

Für die Creme
200 ml Milch
60 g Sahne
3 Eigelb (Größe L)
4 EL Zucker
2 TL Calvados (Apfelweinbrand) oder Mandellikör
½ TL Vanilleextrakt

Für die Füllung
2 Kochäpfel (z. B. Jonagold oder Boskop), geschält, entkernt, in 1 cm große Würfel geschnitten
2 Eigelb (Größe L)
120 g Quark, in 1 cm große Stücke zerbröckelt
60 g Shortbread-Kekse (Mürbeteiggebäck), fein zerkrümelt
70 g Rosinen
60 g Walnusskerne, gehackt
2 EL Zucker
1 EL frisch gepresster Zitronensaft
1 TL gemahlener Zimt
fein abgeriebene Schale von ½ Bio-Zitrone

10 Filo- oder Strudelteigblätter (30 x 40 cm), TK-Ware aufgetaut
120 g Butter, zerlassen

Puderzucker
gemahlener Zimt (nach Belieben)

1. Für die Creme in einem kleinen schweren Topf Milch und Sahne auf mittlerer Stufe heiß werden lassen. In einer Schüssel die Eigelb mit dem Zucker hell und cremig schlagen. Nach und nach die heiße Sahnemilch unterrühren. Die Mischung zurück in den kleinen Topf gießen und auf mittlerer bis kleiner Stufe so lange mit einem Holzlöffel rühren, bis sie cremig wird und den Rücken des Holzlöffels dicklich überzieht. Das Thermometer sollte eine Temperatur von 85 °C anzeigen. Nicht köcheln lassen!

2. Die Creme durch ein Sieb in eine mittelgroße Schüssel streichen, dann Calvados oder Mandellikör und Vanilleextrakt unterrühren. Die Oberfläche der Creme mit Frischhaltefolie abdecken und die Folie an einigen Stellen mit der Spitze eines kleinen Messer einstechen. Auf Raumtemperatur abkühlen lassen und die Creme mind. 2 Std. oder bis zu 48 Std. in den Kühlschrank stellen.

3. Den Grill für indirekte mittlere Hitze vorbereiten (175–230 °C).

4. Ein großes Stück Backpapier auf die Größe des Pizzasteins zuschneiden und den Stein damit belegen (siehe S. 172, Step 1). Den Stein nicht vorheizen.

5. In einer großen Schüssel die Äpfel mit den übrigen Zutaten für die Füllung vermengen.

6. Auf einer sauberen Arbeitsfläche 1 Teigblatt auslegen und dünn mit Butter bepinseln (siehe S. 172, Step 2), ein zweites Teigblatt darauflegen und ebenfalls mit Butter bepinseln Auf diese Weise 3 weitere Teigblätter verarbeiten. Die Hälfte der Füllung auf etwa einem Drittel der Teigplatte verteilen, dabei einen 2½ cm breiten äußeren Rand lassen. An den Längsseiten den Teigrand nach innen schlagen,

dann den Teig an der Schmalseite beginnend aufrollen (siehe S. 172, Step 3). Den Strudel mit der Naht nach unten auf den Pizzastein legen. Die restlichen 5 Teigblätter genauso mit der übrigen Füllung zu einem Strudel verarbeiten. Mit der Naht nach unten ebenfalls auf den Pizzastein legen. Die beiden Strudel dünn mit Butter bepinseln.

7. Den Pizzastein auf dem Grillrost über *indirekte mittlere Hitze* legen (siehe S. 172, Step 4) und die Strudel bei ge-schlossenem Grilldeckel 30–40 Min. backen, bis sie gold-braun und knusprig sind. Nach der Hälfte der Zeit noch einmal dünn mit Butter bepinseln. Den Pizzastein vom Grill heben und die Strudel darauf 10 Min. abkühlen lassen.

8. Die Strudel mit Puderzucker bestäuben und jeweils in drei bis vier Stücke schneiden. Warm mit der kalten Eng-lischen Creme servieren und nach Belieben noch etwas Zimt über die einzelnen Stücke streuen.

APFELSTRUDEL MIT BESCHWIPSTER ENGLISCHER CREME

1. DEN PIZZASTEIN VORBEREITEN

Für den Pizzastein ein großes Stück Backpapier auf die Größe des Steins zuschneiden und den Stein damit belegen. Hier wird ein runder Pizzastein von 36 cm Durchmesser verwendet. Den Pizzastein zum Backen der Apfelstrudel nicht vorheizen!

4. AUF DEM PIZZASTEIN BACKEN

Die beiden Strudel kommen mit der Naht nach unten auf den kalten Pizzastein, und der Pizzastein wird auf dem Grillrost über indirekte Hitze gelegt.

TIPP

Die Englische Creme wird behutsam auf 85 °C erhitzt, bis sie so dick ist, dass sie den Rücken eines Holzlöffels überzieht und eine mit dem Finger gezogene Linie stehen bleibt.

2. DIE TEIGPLATTEN VORBEREITEN

Jeweils 5 Filoteigblätter werden zu einer Teigplatte verarbeitet. Dafür werden die Teigblätter übereinandergelegt. Vor dem Auflegen muss jedes Teigblatt auf der Oberseite dünn mit Butter bespinselt werden. Noch nicht verarbeitete Teigblätter mit einem feuchten Küchentuch bedecken, damit sie nicht austrocknen.

3. DEN STRUDEL AUFROLLEN

Jeweils auf einem Drittel der Teigplatten die Hälfte der Füllung bis auf einen 2 ½ cm breiten Rand verteilen. An den Längsseiten den Teigrand zur Mitte hin einschlagen. Den Strudel an der mit Füllung belegten Schmalseite beginnend aufrollen.

GEFÜLLTE BRATÄPFEL
MIT HASELNUSSSTREUSELN

Ein festliches Dessert, das aber trotz der Nussfüllung erfrischend leicht ist. Seien Sie beim Füllen der Äpfel großzügig, es dürfen ruhig ein paar Streusel in die Pfanne fallen. Zum Servieren entweder die ganzen Bratäpfel zu Tisch bringen, oder Sie halbieren sie und beträufeln sie noch mit übrigem Orangensud und Streuseln aus der Pfanne.

FÜR 4 PERSONEN | ZUBEREITUNGSZEIT: ¼ STD. | **GRILLZEIT:** 40–50 MIN.
ZUBEHÖR: APFELAUSSTECHER, KLEINE GUSSEISERNE PFANNE ODER BACKFORM (20 X 20 CM)

Für die Streusel
4 EL kernige Haferflocken
4 EL brauner Zucker
4 EL Haselnusskerne, geröstet, die braune Haut abgerubbelt, klein gehackt
1 TL fein abgeriebene Schale von 1 Bio-Orange
½ TL gemahlener Kardamom
¼ TL gemahlener Zimt
1 Prise Salz
2 EL kalte Butter, fein gewürfelt

4 große Kochäpfel (z. B. Jonagold, Braeburn, Gala)
180 ml Orangensaft
Vanilleeis, zum Servieren

1. Den Grill für indirekte schwache bis mittlere Hitze (etwa 175 °C) vorbereiten.

2. Bis auf die Butter in einer kleinen Schüssel die Zutaten für die Streusel mischen. Anschließend die kalten Butterwürfelchen mit den Fingerspitzen gleichmäßig in der Mischung zerreiben, bis Streusel entstehen.

3. Von den Äpfeln am Stielansatz einen Deckel abschneiden. Mit dem Apfelausstecher jeweils das Kerngehäuse gut 1 cm bis zur Unterseite entfernen. Die Apfellöcher dicht und über den Rand mit den Streuseln füllen.

4. Die Äpfel mit der Füllung nach oben nebeneinander in die kleine Gusseisenpfanne oder Backform setzen und den Orangensaft um die Äpfel herum angießen. Die Äpfel über *indirekter schwacher bis mittlerer Hitze* bei geschlossenem Deckel 40–50 Min. grillen, bis sie weich sind (machen Sie die Garprobe mit der Spitze eines kleinen Messers), aber noch nicht ihre Form verloren haben, und die Streuselfüllung goldbraun ist. Während des Grillens die Äpfel ein- bis zweimal mit dem Orangensud beträufeln und zum gleichmäßigen Garen die Pfanne oder Form nach 25 Min. um 90 Grad drehen. Sollte der Orangensud zu stark einkochen, Pfanne oder Form für die verbleibende Grillzeit etwas weiter weg von direkter Hitze ziehen. Warm oder raumtemperiert mit Vanilleeis servieren.

MANDELKROKANT
MIT MEERSALZ

Den Zuckersirup zu Karamell zu kochen verlangt ein wenig Fingerspitzengefühl und gutes Timing, denn der Sirup kann ganz schnell verbrennen. Verstreichen Sie dann die flüssige Krokantmischung am besten mit einer eingeölten Palette auf dem Backblech und seien Sie dabei besonders vorsichtig, denn der Krokant ist sehr heiß.

FÜR 4 PERSONEN | ZUBEREITUNGSZEIT: 5 MIN. | GRILLZEIT: 8–10 MIN. | ABKÜHLZEIT: ½ STD.
ZUBEHÖR: BACKBLECH MIT RAND, BACKPAPIER, GROSSE GUSSEISERNE PFANNE, GRILLFESTER MITTELGROSSER TOPF

200 g Mandelkerne
200 g Zucker
125 ml Glukosesirup (Bäckerfachhandel;
  ersatzweise heller Zuckerrübensirup)
1 TL feines Meersalz
1 EL Butter
1 TL Küchennatron
1 TL Vanilleextrakt

1. Das Backblech mit Backpapier belegen.

2. Den Grill für direkte schwache bis mittlere Hitze (etwa 175 °C) vorbereiten. Die Gusseisenpfanne über direkter Hitze etwa 10 Min. vorheizen.

3. Die Mandeln in die heiße Pfanne geben und über *direkter schwacher bis mittlerer Hitze* bei geschlossenem Grilldeckel 2 Min. unter ständigem Rühren hell anrösten. Vom Grill nehmen und zum Abkühlen beiseitestellen.

4. In dem grillfesten Topf den Zucker mit Sirup und Salz mischen und den Topf über *direkte mittlere bis schwache Hitze* stellen, bis der Zucker nach etwa 2 Min. vollständig geschmolzen ist, dabei ein- bis zweimal umrühren. Den Zuckersirup bei gleicher Grillhitze aufkochen, dann in 4–5 Min. zu bernsteinfarbenem Karamell kochen. Halten Sie dabei den Grilldeckel so oft wie möglich geschlossen, aber prüfen Sie regelmäßig, ob der Karamell nicht zu dunkel wird und anbrennt, und rühren Sie gegebenenfalls Zuckerreste am Topfrand wieder unter.

5. Den Topf vom Grill nehmen und die gerösteten Mandelkerne, Butter, Natron und Vanille in den Karamell rühren (der dabei schäumen kann). Weiterrühren, bis keine Bläs-chen mehr vorhanden sind. Anschließend die Krokantmischung mit einer eingeölten Palette oder einem Löffel so gleichmäßig wie möglich auf dem mit Backpapier belegten Blech verstreichen. Vermeiden Sie es, den Krokant zu berühren, denn er ist sehr heiß und würde zu Verbrennungen führen. In etwa ½ Std. erkalten lassen. Zum Servieren den Mandelkrokant in Stücke brechen.

WARMER WEIHNACHTSSTOLLEN
AUF AMERIKANISCHE ART

Was wäre Weihnachten ohne einen dick mit Puderzucker bestäubten, winterlich gewürzten Stollen? Mit diesem Rezept überraschen Sie Ihre Familie oder Gäste aber mal mit einer wirklich neuen Version. Der auf dem Grill gebackene Stollen kann noch warm serviert werden und schmeckt besonders gut zu einem Glas heißem Apfel- oder Glühwein. Anstelle von Orangeat und Zitronat können Sie ihn auch mit klein gehackten Aprikosen und/oder Cranberrys zubereiten.

FÜR 12 PERSONEN | ZUBEREITUNGSZEIT: 35–40 MIN. | GEHZEIT DES TEIGS: 2¾–3 STD. | GRILLZEIT: ETWA 35 MIN.

70 g Sultaninen
4 EL gehacktes Orangeat
4 EL gehacktes Zitronat
80 ml brauner Rum, erwärmt
2 EL Mehl

75 g Mehl
1 Pck. Trockenhefe (7 g)
125 ml Vollmilch, lauwarm
6 EL weiche Butter, plus Butter für die Backschüssel
4 EL Zucker
1 Ei (Größe L)
2 TL fein abgeriebene Schale von 1 großen Bio-Zitrone
1 ½ TL Vanilleextrakt
¼ TL frisch geriebene Muskatnuss
1 großzügige Prise gemahlener Zimt
½ TL feines Tafelsalz
350 g Mehl, plus 2 EL Mehl (nach Bedarf)
60 g Mandelstifte

2 EL Butter, zerlassen
75 g Puderzucker

1. In einer kleinen Schüssel Sultaninen, Orangeat und Zitronat mit dem warmen Rum verrühren und etwa 1 Std. stehen lassen, bis die Sultaninen schön prall sind und die Mischung ausgekühlt ist.

2. Inzwischen in einer zweiten kleinen Schüssel 75 g Mehl mit der Hefe und lauwarmen Milch zu einem Vorteig verrühren. Die Schüssel mit Frischhaltefolie abdecken und den Vorteig an einem warmen Ort etwa 35–45 Min. gehen lassen, bis sich an der Oberfläche Bläschen bilden.

3. In der Küchenmaschine den Vorteig mit 6 EL Butter, Zucker, Ei, Zitronenschale, Vanille, Muskat, Zimt und Salz

auf kleiner Stufe mit dem Flachrührer verrühren. Nach und nach weiteres Mehl unterrühren, bis ein weicher Teig entsteht und nichts mehr an der Schüsselwand haftet. Den Knethaken einsetzen und den Teig bei mäßiger Geschwindigkeit etwa 6 Min. kneten, bis er glatt und zäh ist. Den Teig auf einer bemehlten Arbeitsfläche mit einem sauberen Küchentuch abdecken. (Wenn Sie den Teig mit der Hand zubereiten, den Vorteig wie beschrieben mit den restlichen Zutaten in einer großen Schüssel mit einem Holzlöffel verrühren. Nach und nach weiteres Mehl unterrühren, bis der Teig so zäh ist, dass er sich nicht mehr rühren lässt. Den Teig anschließend auf einer bemehlten Arbeitsfläche etwa 10 Min. mit den Händen kräftig durchkneten und bei Bedarf weiteres Mehl einarbeiten, bis er glatt und zäh ist.)

4. Die Rumfrüchte abgießen (den Rum weggießen) und abtropfen lassen, anschließend mit Küchenpapier trockentupfen. In einer trockenen kleinen Schüssel mit 2 EL Mehl mischen.

5. Auf der leicht bemehlten Arbeitsfläche den Teig zu einem Kreis von etwa 30 cm Durchmesser ausziehen. Mit jeweils ¼ der mehlierten Rumfrüchte und Mandelstifte bestreuen und die Zutaten in den Teig kneten. Die übrigen Früchte und Mandeln genauso verkneten. Den Teig zu einer Kugel formen. Eine mittelgroße Backschüssel mit weicher Butter ausfetten und die Teigkugel darin drehen und wenden, bis sie mit einer feinen Butterschicht überzogen ist. Die Schüssel mit Frischhaltefolie abdecken und den Teig an einem warmen Ort 1 ¼–1 ½ Std. gehen lassen, bis er sein Volumen verdoppelt hat.

6. Den Teig auf der bemehlten Arbeitsfläche zu einem Kreis von 30 cm Durchmesser ausrollen. Knapp die Hälfte des Kreises auf die andere Hälfte klappen, sodass zwischen

SAFTBOWLE
MIT INGWER

Diese alkoholfreie Bowle sollte gut durchkühlen,
nur dann entfaltet sich ihr volles Aroma.

**FÜR 6–8 PERSONEN | ZUBEREITUNGSZEIT: ¼ STD.
KÜHLZEIT: MIND. 1 STD.**

8 EL Zucker (etwa 110 g)
2 gehäufte EL fein geriebener Ingwer mit dem Saft
1 l naturtrüber Apfelsaft (100 % Direktsaft)
250 ml Cranberrysaft
250 ml frisch gepresster Orangensaft
1 großer, knackiger, süßsaurer roter Apfel (z. B. Pink Lady
   oder Braeburn), geviertelt, entkernt, in sehr dünne
   Scheiben geschnitten.

Den Zucker mit 125 ml Wasser in einem kleinen Topf unter
Rühren auf mittlerer Stufe köcheln lassen, bis er sich aufgelöst hat. Den Topf vom Herd nehmen und den Ingwer einrühren. In einer Glaskaraffe oder einem Bowlegefäß den
Apfelsaft mit Cranberry- und Orangensaft mischen, dann
den Ingwersirup unterrühren. Abdecken und mind. 1 Std.
in den Kühlschrank stellen. Vor dem Servieren die Apfelscheiben dazugeben.

 # RUM-PUNSCH
MIT CRANBERRY

Den Punsch am besten schon einen Tag im Voraus
zubereiten, dann schmeckt er noch besser.

**FÜR 8–10 PERSONEN | ZUBEREITUNGSZEIT: ¼ STD.
GARZEIT: 1 STD.**

1 ½ l Cranberrysaft
500 ml frisch gepresster Apfel- oder Ananassaft
2 Zimtstangen
16 Pimentkörner
4 Nelken
150 g brauner Zucker
1 Msp. geriebene Muskatnuss
250 ml Rum (weißer oder brauner)
8–10 TL Butter

1. In einem großen Topf den Cranberrysaft mit Apfel-
oder Ananassaft, Zimtstangen, Piment, Nelken, Zucker
und Muskatnuss verrühren und auf mittlerer bis hoher
Stufe aufkochen. Die Hitze auf mittelschwach reduzieren
und den Punsch im verschlossenen Topf 1 Std. sanft
köcheln lassen.

2. Den Topf vom Herd nehmen und den Rum unterrühren. Den Punch in hitzefeste Gläser oder Tassen gießen
und mit jeweils 1 TL Butter garnieren. Für einen noch
intensiveren Geschmack den Punch einen Tag im Voraus
zubereiten und kalt stellen. Vor dem Servieren erneut
erhitzen und mit der Butter garnieren.

Weber-Stephen Products LLC
Mike Kempster Sr., Global Chief Marketing Officer

Projektleitung: Stefanie Poziombka
Autor: Jamie Purviance
Übersetzung: Martin Waller
Lektorat und Redaktion: Karen Dengler
Satz: Anja Dengler
Gesamtproduktion der deutschen Ausgabe:
Werkstatt München · Buchproduktion
Umschlag und Innenlayout: independent Medien-Design,
Horst Moser, München
Illustrationen: Julia Hollweck

Herstellung: Markus Plötz
Reproduktion: Longo AG, Bozen
Druck und Bindung: Firmengruppe APPL, Wemding

Bildnachweis: Klaus Einwanger, Rosenheim

ISBN 978-3-8338-4232-0

 www.facebook.com/gu.verlag

5. Auflage 2014

Ein Unternehmen der
GANSKE VERLAGSGRUPPE

Besser haben Sie noch nicht gegrillt.

ISBN 978-3-8338-3778-4

ISBN 978-3-8338-1863-9

ISBN 978-3-8338-1581-2

ISBN 978-3-8338-2285-8

ISBN 978-3-8338-2622-1

ISBN 978-3-8338-3335-9